La mise en page a été réalisée par
Roger Bourrinet et Caroline Watelle

Les photographies sont de
Bernard Dupuy

La photogravure est signée
Studio Futura, Périgueux

L'impression a été assurée par
l'équipe de l'Imprimerie Moderne

La reliure a été confiée à
Réso Plus - Pessac (33)

LA LAUZE
24000 PÉRIGUEUX
la lauze. com

Dépôt légal : septembre 2004 - ISBN 2-912032-70-9

PAYSAGES
Attention fragile

Du même auteur

Des plaisirs et des jours en Périgord
Fanlac, 1999.

Périgueux à fleur d'âme
Illustrations de José Correa
La Lauze, 2000.

Petits matins
La Lauze, 2001.

L'instinct de gourmandise en Périgord
Illustrations de Marcel Pajot
La Lauze, 2002.
(Prix La Mazille de la Ville de Périgueux
au Salon International du Livre Gourmand, 2002).

La belle humeur
La Lauze, 2003.

MICHEL TESTUT

PAYSAGES

ATTENTION FRAGILE

préface
GÉRARD FAYOLLE
photos
BERNARD DUPUY

Édité avec le concours de l'institut Eugène Le Roy

LA LAUZE

Institut Eugène Le Roy

à
Lucien de Maleville
Robert Dessales-Quentin
Maurice Albe
Jean Cluseau-Lanauve
Jean Callerot
José Correa
Marcel Pajot
Michel Négrier
Jean-Claude Allard
René Wasserzug
Bernard Dupuy
Francis Anet
Denis Nidos
Alain Bordes
Dominique Repérant
et tous ceux, peintres et
photographes,
qui furent éblouis par les
paysages du Périgord.

TABLE DES MATIÈRES

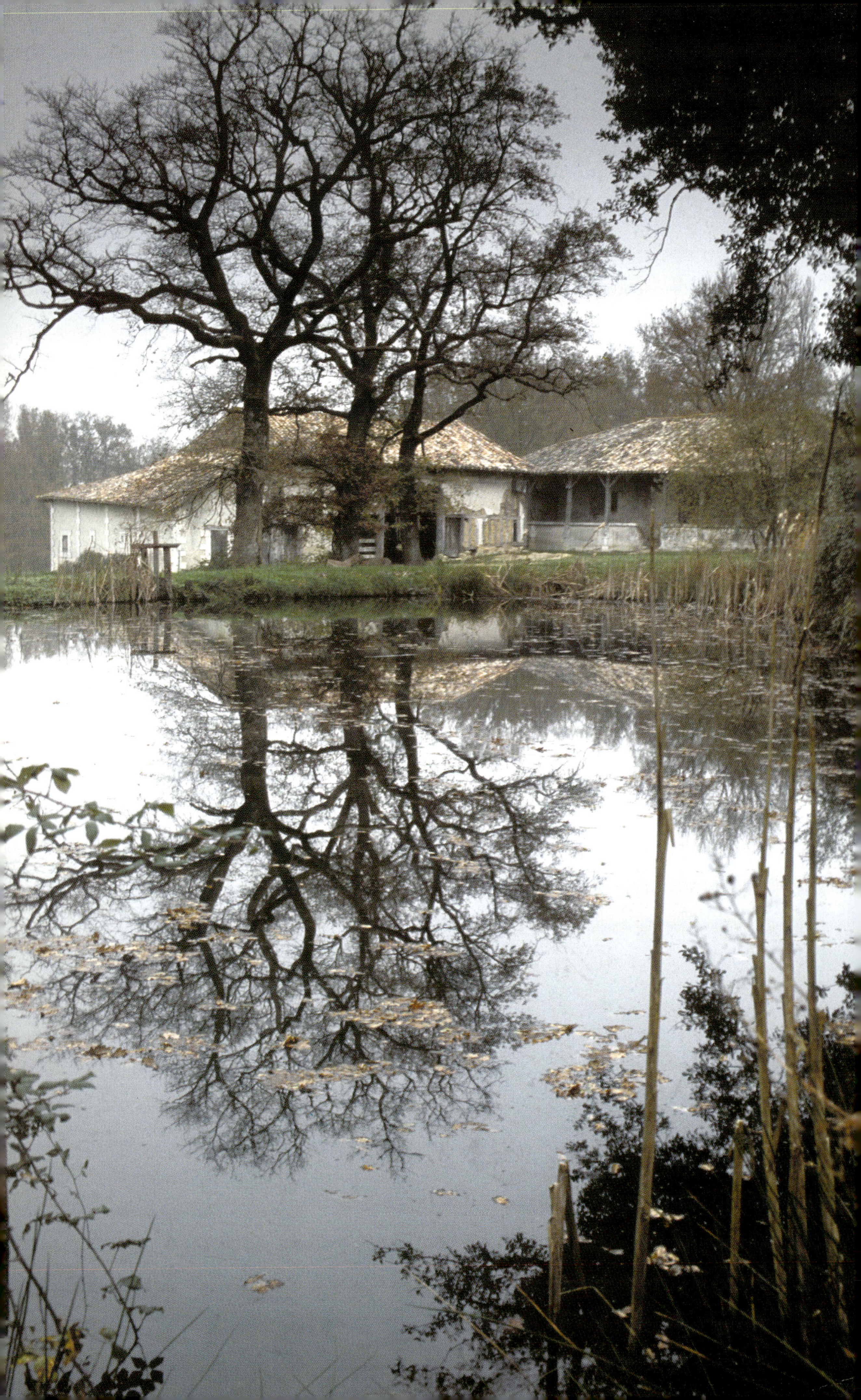

PRÉFACE

Un beau livre, c'est un beau texte et de belles photos originales, qui ne courent pas les rues, et un texte de la cuvée Testut. C'est dire qu'il est agréable de lire et de feuilleter cet ouvrage qui présente sous de nouvelles couleurs un problème que nous connaissons tous et que nous repoussons souvent, car il se complique de jour en jour, celui de la survie de notre identité. Vu la gravité de la situation, il convient de donner l'alerte.

Du coup, le souriant et affable Michel Testut avec élégance, mais avec détermination, s'érige en procureur.

Certes, il reste souriant et affable mais il reste un procureur, un procureur qui comprend les choses, qui se met à la place des gens, mais un procureur qui accuse, comme doit le faire un procureur.

Et qui se trouve sur la sellette ? Les élus. Du plus grand aux plus petits. Mais les maires, toujours en première ligne, font figure de principaux prévenus.

En tant que Secrétaire Général de l'Union des Maires de la Dordogne, je vais me faire l'avocat de mes collègues (et peut-être aurais-je ainsi le rôle du diable). Que dire à ce procureur d'autant plus redoutable qu'il paraît bienveillant et compréhensif ?

La tactique est choisie : nous plaiderons coupables. Les maires mènent, maison par maison, le combat pour la ruralité. On comprendra que, dans cette guerre contre la désertification, chaque certificat d'urbanisme obtenu, nous dirons même arraché à l'administration, nous paraît une victoire. Du coup, nous ne pouvons nous soucier que subsidiairement de l'emplacement et de l'allure de la construction envisagée. Au demeurant, sauf dans les zones protégées, nous n'avons pas notre mot à dire sur son aspect.

Reconnaissons aussi que, si nous acceptons, sous formes diverses l'existence de zones protégées, nous bataillons pour qu'elles soient aussi réduites que possible afin de ne pas gêner les développements futurs et les développements espérés de nos zones habitables.

Reconnaissons encore, même en envisageant toutes sortes d'aides, de conseils, d'assistance au candidat constructeur, qu'il est difficile de le contraindre à construire à grands frais ce qu'il peut construire à moindre frais.

N'oublions pas non plus, Monsieur Le Procureur, que les maires recherchent avidement les installations d'entreprises et de services publics. L'architecture des bâtiments dits fonctionnels ne s'harmonise pas toujours avec le paysage ou avec la tradition locale.

Et, question de fond que nous nous permettons d'évoquer : l'architecture d'aujourd'hui doit-elle indéfiniment et servilement recopier l'architecture de nos aïeux, ou doit-elle chercher à inventer, même au prix de quelques dégâts spectaculaires, des formes nouvelles ? Et d'ailleurs peut-on empêcher les hommes d'inventer, ou tout au moins de suivre les modes ?

Pour toutes ces raisons, nous estimons que les maires pris entre le marteau de l'administration et l'enclume des administrés ont bien du mérite de gérer, vaille que vaille, la réalisation de nouveaux lotissements ou la réhabilitation d'édifices publics, et d'avoir bien souvent vu se maintenir ou s'accroître la population de villages, voués, croyait-on, à être rayés de la carte.

Tous ces arguments, argumentés de quelques effets de manche, devraient suffire à réduire à rien les démonstrations de l'accusation. Et pourtant ?

Il est vrai aussi que nous sommes comptables, surtout en Périgord, de nos paysages. Il est vrai aussi que, dans nos terroirs les entorses à la tradition architecturale apparaissent plus cruellement qu'ailleurs. Il est vrai que nos villages et nos petites villes ont perdu une grande partie de leur identité et que cette situation n'existe pas dans certaines régions d'Alsace ou de Bretagne. Nous avons été plus sensibles que d'autres aux modes venues d'ailleurs.

Des styles périgourdins ont bien été définis, mais l'urbanisation va son train. Les nouveaux venus, qui sont d'ailleurs bienvenus, apportent leurs idées inspirées de l'Ile-de-France ou du Pays Basque. Paradoxe, les Anglais nous apprennent ce qu'est l'architecture vernaculaire tandis que nos nouveaux quartiers ressemblent parfois à des habits d'Arlequin.

L'expansion des "trente glorieuses" a entouré nos villes de lotissements pimpants mais oublieux de leurs racines, d'immeubles collectifs de style international et de zones commerciales de type mondialisé. Le flot des retraités et les "résidents secondaires" a parfois amplifié le phénomène. Soit. Le paysage et l'image traditionnelle ont souffert. Il ne faut pas pleurer sur le lait renversé.

De nombreux Périgourdins, anciens ou nouveaux, ont pris conscience du risque. Le débat s'organise grâce à des associations et au travail des spécialistes. On sait bien que la seule solution viendra, plutôt que des règlements, de la prise de conscience. Le texte de Michel Testut apporte, si l'on peut dire, une bonne pierre du Périgord, bien dorée et bien taillée, à l'édifice qu'il convient maintenant de construire ou de reconstruire. Cet édifice en chantier, c'est l'identité de nos terroirs.

Gérard Fayolle

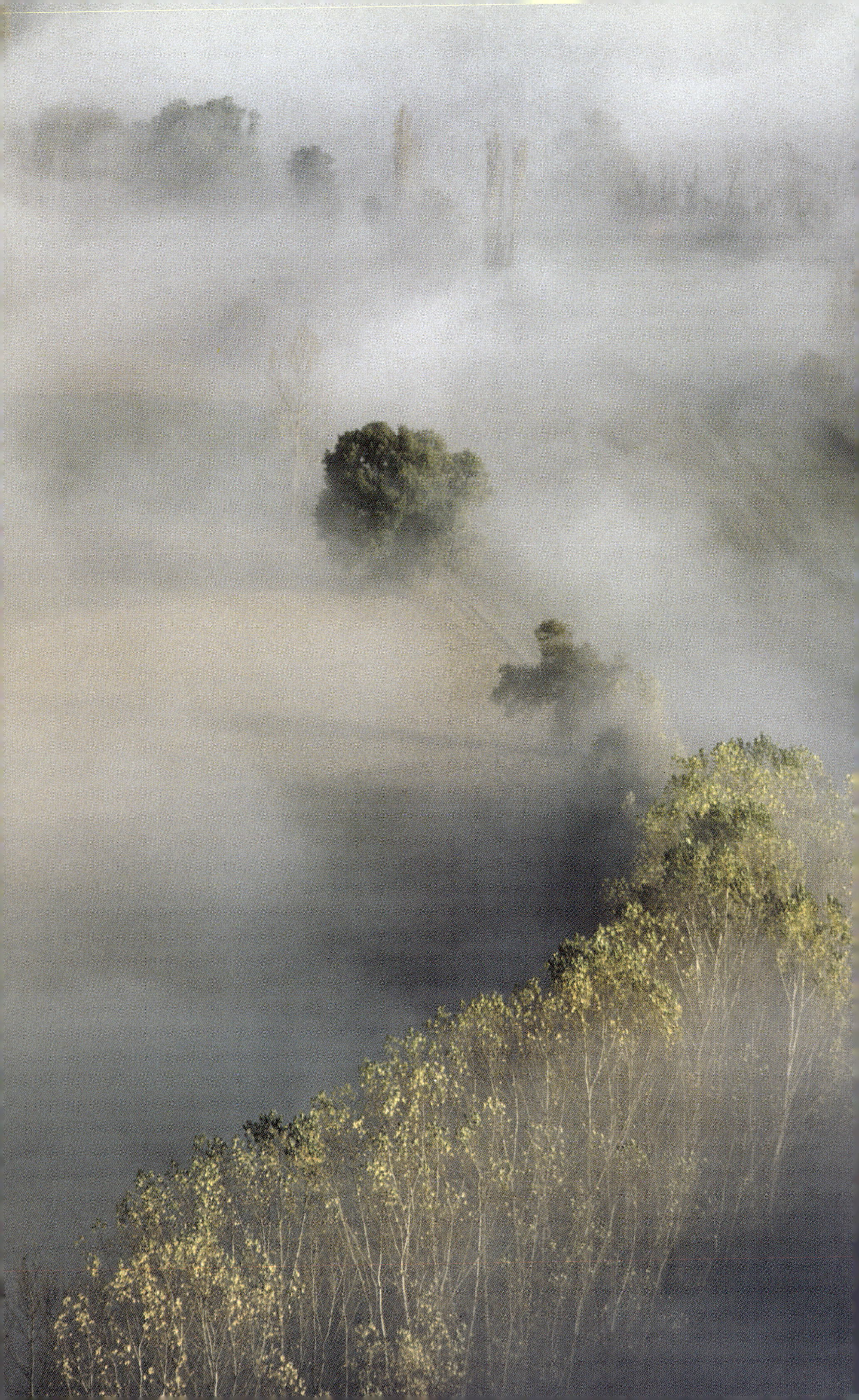

***Lorsque** j'étais enfant, mon père m'entraînait souvent à la découverte du Périgord. Chaque fois que la route venait à dominer l'un de ces paysages où le regard s'envole, immanquablement il s'arrêtait, et nous descendions de voiture.*

– Contemple, me murmurait-il.

Nous nous taisions alors en parcourant des yeux le panorama qui s'ouvrait alentour. Soumis au même tropisme foncier, nous restions ainsi de longs moments silencieux, perpétuant la profondeur de notre recueillement.

Devant la divine fantaisie de la cavalcade des collines, succession débridée de coteaux pierreux, de ressauts et de combes, devant l'artiste hasard de l'ordonnance des hameaux, l'impulsive et étonnante beauté de leurs architectures, mais aussi face à la rigoureuse géométrie du damier des cultures et la rectitude sans défaut des labours qui suggèrent la discipline, inspirent le respect, je trouvais confusément quelques motifs de vanité et d'exaltation : j'étais fier d'être de ce pays.

Je tiens de cette initiation une sensibilité exacerbée à la jubilation quasi mystique que peut provoquer la vue d'un beau paysage. De ces éblouissements, je garde le sentiment d'avoir atteint, tout à la fois, et paradoxalement, une forme d'allégeance et d'émancipation sans pareilles : peut-être le pouvoir et la magie du magnétisme des terres premières, quand elles sont aussi belles !

Et je m'éblouis toujours et encore devant l'harmonie déconcertante de nos paysages, à la fois pulsion tellurique et subtil équilibre qui défient l'analyse comme des fulgurances poétiques. Paysages d'ici, sans nul doute plus que d'autres révélateurs de la vieille alliance des hommes et de la terre, capables de subjuguer nos sens et de nous interroger sur notre destinée, capables de nous hisser à un haut degré de spiritualité.

Mais aujourd'hui je tremble à la pensée qu'ils soient à la merci du mauvais goût et des foucades d'une époque pressée, aveuglée par des calculs à courte vue.

La loi du 8 janvier 1993 rappelle que les paysages, dans leur diversité, sont un capital humain. La diversité géologique du sous-sol est à l'origine de petites régions bien individualisées, qui sont autant de visages différents du territoire.

L'UNESCO retient la notion de paysage culturel. Résultat de l'ouvrage combiné de la nature et de l'homme, le paysage culturel illustre l'évolution de la société et des établissements au cours des âges, sous l'influence des contraintes et des atouts présentés par leur environnement naturel, sans oublier les forces sociales, économiques et culturelles successives.

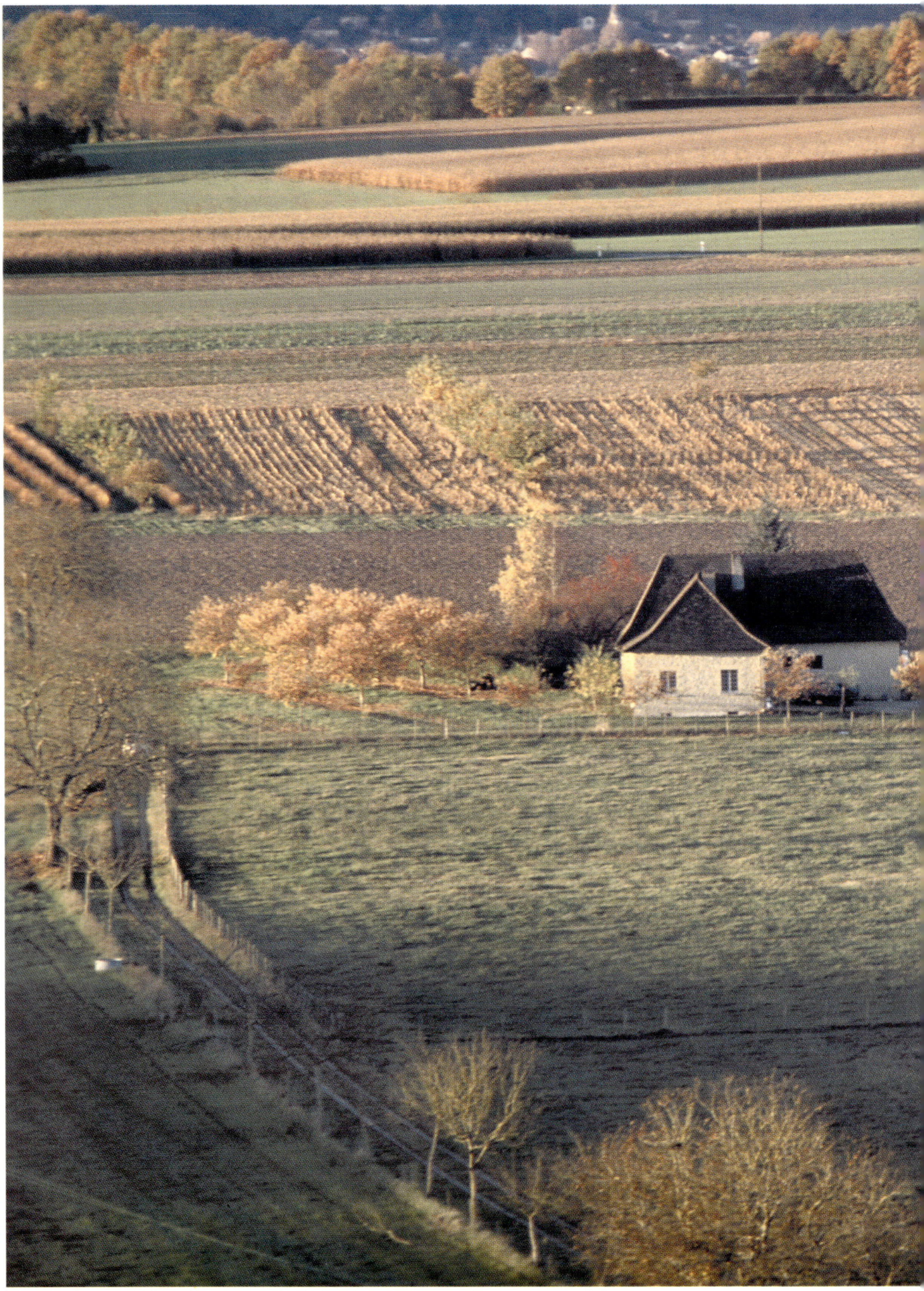

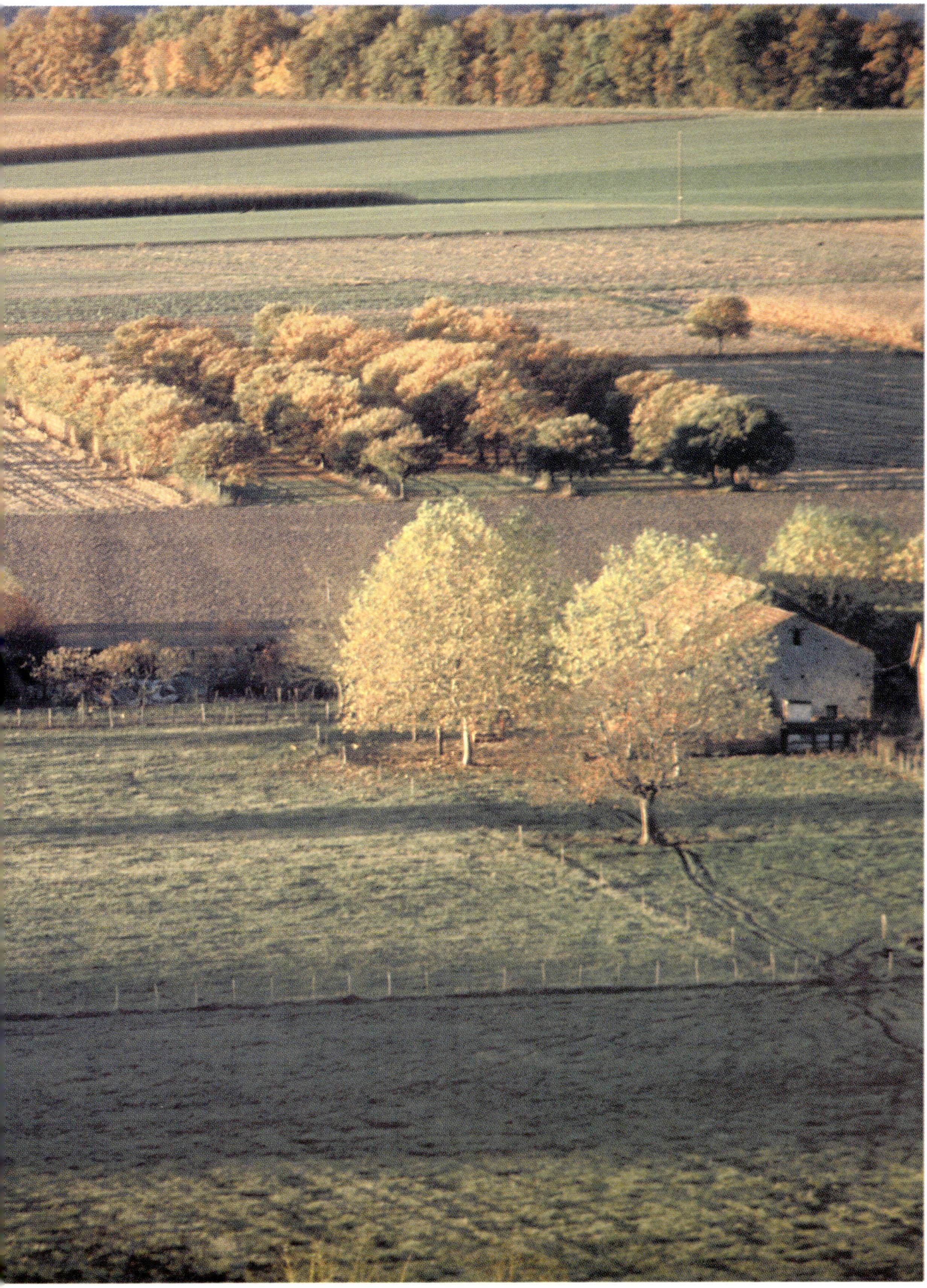

*"Le paysage comme métaphore, mythe, réseau d'images, témoin, miroir,
le paysage comme réalité et mystère qui nous reconduit en nous,
nous interpelle, nous raconte, nous fonde."*

JE VOUS FAIS UNE LETTRE

Monsieur le Président, je vous fais une lettre que vous lirez peut-être, si vous avez le temps. L'essentiel de ce que j'ai à vous dire s'est imposé à moi au début des années quatre-vingt-dix, peut-être avant. C'est dire si j'ai tardé à vous écrire. Aujourd'hui, je vous assure qu'il y a urgence.

Aussi, j'en appelle à vous, monsieur le Président, et à vous tous, les présidents, les députés, les sénateurs, les conseillers régionaux, les conseillers généraux, les maires, à vous tous les élus de tous rangs et de tous bords qui avez en charge le devenir du pays où nous vivons. J'en appelle à vous tous au nom de toutes les femmes et de tous les hommes qui ont la chance de vivre ici et maintenant, au nom de tous ceux qui auront le désir d'y vivre demain, au nom de ceux qui en rêvent déjà.

Tout chauvinisme gardé, reconnaissons qu'il y a du bonheur à habiter dans l'une des plus belles et des plus douces contrées de la planète. La France n'est-elle pas la première destination touristique du monde ? Le Périgord – après Paris et sa région – n'est-il pas le département de l'intérieur le plus visité ? (Le premier en nuitées réalisées en environnement "campagne"). Il y a bien quelques raisons à cela, et non des moindres, d'autant que ces records ne datent pas d'hier et semblent s'affirmer davantage chaque année.

Si ce pays est ce qu'il est, c'est un peu grâce à vous et à vos prédécesseurs, et j'en conviens volontiers. Mais que la mise en exergue de ce constat vous garde de toute vanité, ne fasse pas naître chez vous quelque suffisance ! Une mission sénatoriale sur la gestion de l'espace rural rappelait récemment que la France est parmi les pays européens celui qui investit le moins par habitant dans sa politique d'aménagement du territoire. Alors, sans minimiser votre action, les performances touristiques du Périgord tiennent principalement à ses atouts naturels et patrimoniaux. Je veux dire à sa nature, à la nature bien sûr, mais aussi à un très long processus d'humanisation, aux traces et marques que les hommes y ont laissées depuis les origines, à ce damier géologique et végétal, rudement et amoureusement ordonné, cultivé, drainé jusqu'à nous par l'effort millénaire de générations de laboureurs, à l'art de vivre qu'il leur inspira et que leurs héritiers continuent de pratiquer avec gourmandise. En somme, comme dirait Braudel, ce pays diffuse l'essence de *5 000 ans de sociabilité.*

Le Périgord est un miracle de diversités paysagères. Chacun peut y retrouver un peu de ses géographies intimes et beaucoup de ses rêves d'harmonie bucolique. Collines, vallons, plainettes, cours d'eau, routes, villages, fermes, gentilhommières, châteaux, églises : tout est engageant, harmonieux, immuable, au point de confiner à l'allégorie, à l'archétype paysager inscrit dans l'histoire et l'imaginaire de chacun, à ce symbolisme romantique qui a déjà beaucoup servi, mais aux fascinations inaltérables et universelles.

Des paysages très précieux à l'âme, car ils sont diffuseurs de mémoire. Ils nous délivrent un laissez-passer pour des temps parfois révolus, mais sont chargés d'un pouvoir émotionnel indispensable pour l'esprit et les sens, qui les prédispose fatalement à un avenir fabuleux. Ils dispensent aujourd'hui et dispenseront demain une forme d'*empaysement* qui préservera les hommes des emportements d'une époque emballée et confuse, les aidera à s'enraciner, à se croire un peu moins étrangers au monde, un peu moins de passage – ici le temps est lent en regard de nos vies ! Ils leur offrent et leur offriront un visage stable du monde, d'une terre qui demeure, de sa constance à travers ses apparences successives et ses variations au fil des siècles et des saisons. Ils les aideront à assouvir ce désir de *retour* en un lieu dont on a l'intuition que *c'est chez soi*, terre natale ou terre mentale, terre élue ou terre promise qui vous occupent tout au long d'une vie.

Le Périgord est une vieille province où depuis des siècles l'homme et la nature sont de connivence, se façonnent l'un l'autre, se plient l'un à l'autre, l'un pour l'autre. C'est ainsi qu'ont été modelés ces paysages à ce point civilisés qu'ils sont considérés comme *une exception* et passent pour les plus tendres du monde.

Le paysage comme métaphore, mythe, réseau d'images, témoin, miroir, le paysage comme réalité et mystère qui nous reconduit en nous, nous interpelle, nous raconte, nous fonde. Paysages *passeurs*, messagers des dieux et de la mémoire des hommes. Paysages multiples et immuables qui nous parlent avec la voix du temps. Il y a le paysage vierge des origines, sonore de l'écho des cavernes où des préhistoriens agenouillés recueillent pieusement les poudreux reliquats des premiers temps humains, le paysage celtique tout de chaos archéens, de forêts crépues et moussues, il y a le paysage féodal tout bruissant de légendes, le paysage chrétien recouvert du *blanc manteau* des églises et des abbayes de la romanité, le paysage du Siècle des lumières où se lisent les douceurs et les douleurs d'un temps paradoxal. Il y a le paysage piqueté des *mais* républicains de la paysannerie triomphante, conquis et pensé comme espace d'une essentielle liberté. Voilà de quoi est faite la grâce périgordine.

Mais tous ces trésors paysagers festonnés de leurs enluminures archéologiques, historiques, culturelles, sont fragiles. Un équilibre, une mesure, une harmonie qui tiennent souvent à des petits riens. C'est le prix de la subtilité, cette subtilité rayonnante qui fit et continue de faire du Périgord ce qu'il est et ce pour quoi on l'aime. Et cette belle harmonie est en danger. Déjà en désuétude, demain en déshérence, si l'on n'y prend garde.

Et si je m'applique à rédiger cette lettre en regardant de ma fenêtre un paysage encore intact, c'est que je tremble pour lui, je tremble d'émotion et de rage à l'idée de le perdre. Je crains, pour une fois, le pire !

Voilà la raison pour laquelle je m'adresse à vous, élus du peuple. Et ce que je vous demande, je sais que vous pouvez le faire : vous avez souvent réussi plus difficile !

Je vous préviens, je ne suis ni géographe, ni historien, ni sociologue, ni politique, ni économiste et ni juriste, et nullement savant de quoi que ce soit. Je suis simplement un homme sensible, instruit du savoir de mes cinq sens, amoureux et respectueux de la beauté, de l'harmonie et de la vie. Je vous écris *à sauts et à gambades, sans nulle considération de votre service, ni de ma gloire.* Si c'eut été le cas, *je me serais mieux paré et me présenterais ici en marche étudiée.* Or, à mon habitude, je vais, je vois, je cueille à tout vent, je flâne et j'explore de nouveaux paysages, de nouveaux villages, de nouveaux hameaux. J'en découvre toujours qui me sont inconnus, au plus secret de cette campagne qui morcelle en minuscules principautés l'empire inépuisable que m'est le Périgord. Je vagabonde d'émerveillements en abattements, de jubilations en révoltes. Je m'enflamme et m'afflige. Je balance entre célébration et réquisitoire, entre ravissement et colère. Voici la matière de ce livre.

Entre une description façon guide Bleu, une visite touristique guidée, un gazouillis socio-philosophique à la mode ou la prétention d'une étude investigatrice, il y a place pour quelques pratiques littéraires, modestes mais impérieuses. Alors pour rendre mon propos plus gouleyant, je convoque la poésie et débusque la chose jolie cachée en chaque chose. Il y a chez moi, une innocence et un enthousiasme ébloui qui procèdent de mon amour du monde. Ce monde qui, jusqu'à nouvel ordre, demeure ici-bas notre Éden. Le Périgord en est pour moi la quintessence. Je le vois et j'en parle en amoureux. N'est-il pas naturel d'être ébloui par ce que l'on aime ?

A travers ces pages, je désire vous convaincre, qu'à l'écart des grandes idéologies politiques, nous devons et pouvons nous entendre dans un souci commun du *beau*. Et si j'en viens parfois à m'exalter, pardonnez-moi, mais je n'en nourris aucun remords. Car je vous en conjure, soyons utopistes. J'ai la conviction têtue qu'il faut prendre l'utopie et la beauté au sérieux ; l'histoire a prouvé que l'une et l'autre avaient toujours à voir avec le bonheur des hommes.

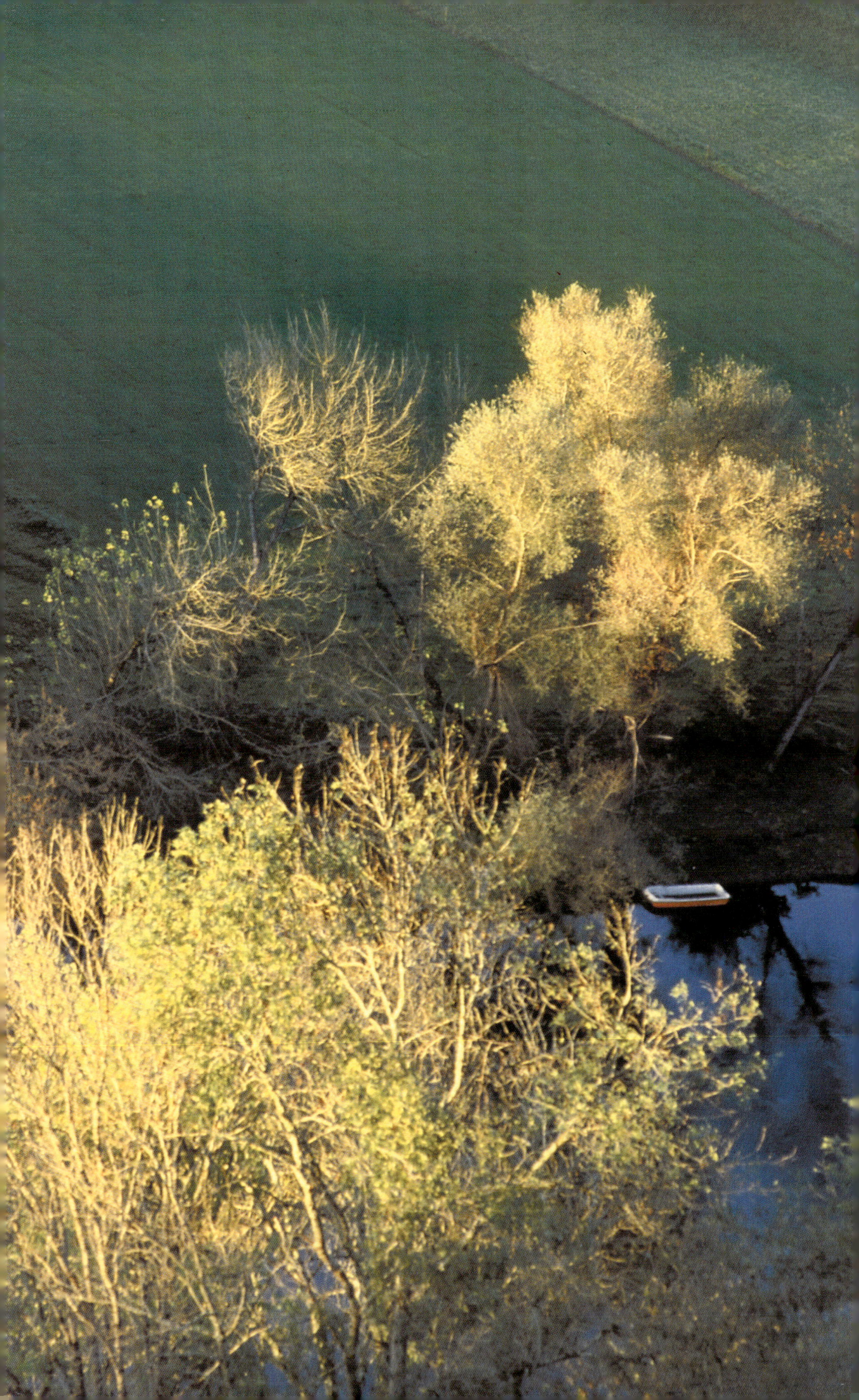

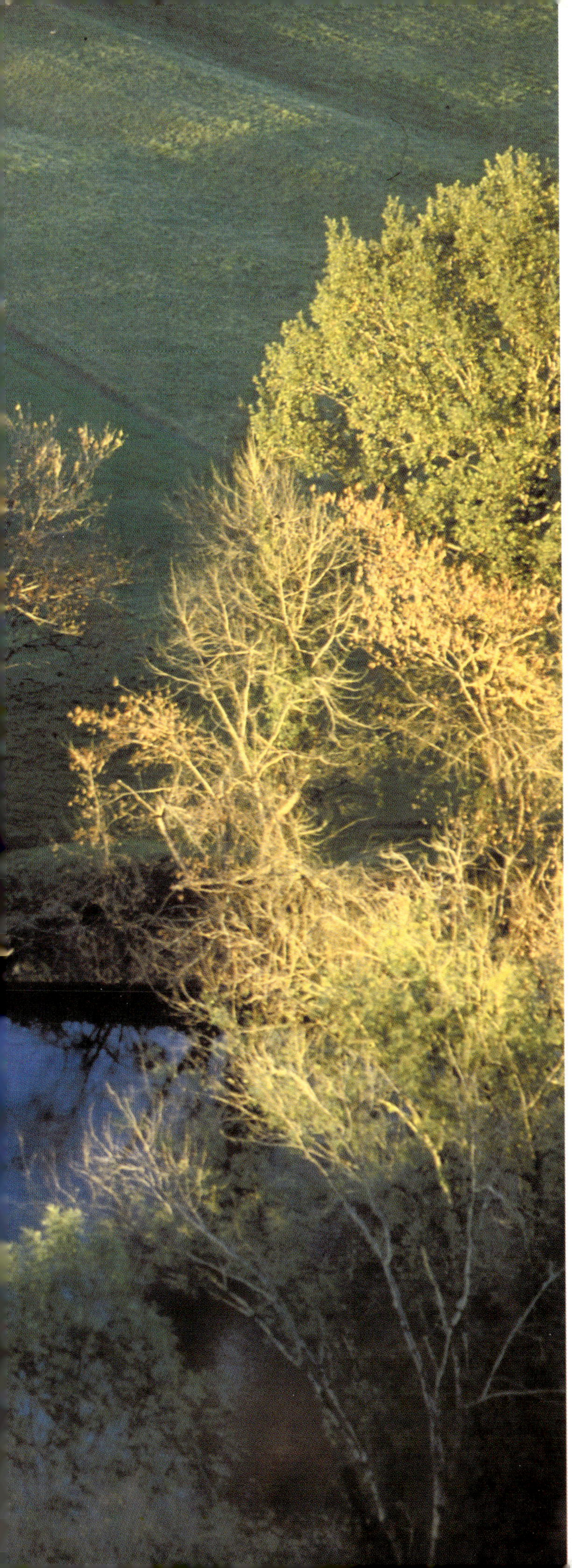

"Paysages passeurs, messagers des dieux et de la mémoire des hommes. Paysages multiples et immuables qui nous parlent avec la voix du temps."

UN ENJEU DE CIVILISATION

L'atomisation de l'urbanisation rurale et le mitage de nos paysages se poursuivent insidieusement sous nos yeux à une extraordinaire vitesse, souvent initiés par la déconcertante bonne foi – ou l'inconséquence – de ceux qui ont en charge la sauvegarde de notre environnement. Ces horizons qui sont la gloire de nos terroirs, leur identité, beaucoup de leur attrait, une mémoire et une source de rêves, se métamorphosent peu à peu en une succession de banlieues sans âme. Combien de bourgades pittoresques outragées par l'irruption de bâtisses informes ou d'équipements collectifs souvent hideusement prétentieux, érigés sans souci d'harmonie, n'importe où, abominablement disgracieux dans le champ de vision de la petite église romane qui fait penser à un bibelot. Comment se fait-il que tant de laideur se répande comme lèpre sur tant de splendeur ? Pourquoi autoriser pareilles cohabitations incongrues, comment permettre pareilles fautes de goût ? Faute de goût ? Non ! C'est bien pire : pareille insulte, pareil vandalisme, pareille décadence...

Quel gâchis ! Il existe pourtant des possibilités de rendre plus discrètes ces constructions souvent nécessaires : par une habile utilisation du relief du sol, de la végétation, existante ou implantée, par le choix d'une texture et de couleurs de matériaux promptes à se fondre dans l'environnement.

Combien de villages et de hameaux mutilés, défigurés par ces excroissances malignes que sont des lotissements mal intégrés. Lotissements qui sont pour la plupart un conglomérat de pavillons hétéroclites gangrenant le flanc du coteau qui précisément faisait le charme du lieu. Et cependant on voit bien, ça crève les yeux et le cœur, que les gens qui ont fait construire ces maisons réalisaient un rêve, souvent le rêve d'une vie : leur maison à la campagne. Hélas, un habile vendeur les a convaincus de l'esthétique d'une néo-périgourdine, de plain-pied façon bourrine vendéenne avec péristyle gréco-provençal et colombages basques. Après tout pourquoi pas, diront certains, n'est-ce pas là l'expression de la liberté ? A cela, je rétorque, citant ma grand-mère qui en appelait à la sagesse des nations : la liberté s'arrête où commence celle des autres. Et la liberté des autres n'est-elle pas de pouvoir continuer à contempler un paysage inaltéré, dans son intégrité naturelle, architecturale et historique, paysage qui par "nature" est un bien collectif. Des gens viennent chez nous, et parfois de très loin, rien que pour cela, pour le plaisir de l'œil, et de surcroît nous apportent leurs sous précisément pour cela. Voilà deux bonnes raisons, l'une tenant de l'éthique et de la bienséance, l'autre de notre intérêt bien compris, qui doivent nous faire obligation de changer nos comportements, de légiférer s'il le faut. D'autres pays l'ont fait ; l'Irlande, l'Écosse, l'Autriche avec le Tyrol, sont de ce point de vue exemplaires ; en France, des régions y sont parvenues, le Pays Basque, l'Ile de Ré, le Lubéron, l'Alsace, une partie de la Bretagne, de la Normandie, de la Provence, etc.

A l'heure où s'annonce une mondialisation inévitable, peut-être souhaitable à certains égards, si nous ne voulons pas crever d'ennui dans un monde *cocalisé*, uniformisé, anonyme, amnésique, standardisé, réduit au plus petit commun dénominateur, nous avons l'obligation, face aux influences niveleuses, aux facilités de la mode, face au pouvoir strictement mercantile, aux tentations électoralistes, de sauvegarder les diversités de ces acquis identitaires. Nos terroirs, nos paysages, nos productions locales vivent et perdurent grâce aux talents séculaires et spécifiques de chaque région, de chaque géographie, de chaque groupe d'agriculteurs et d'artisans qui perpétuent un savoir-faire et un savoir-vivre singuliers.

Voilà la sémillante richesse d'un héritage sacré, inépuisable creuset culturel, patrimonial et social sans qui l'universel perdrait toute légitimité et toute capacité imaginative indispensable à l'évolution humaine.

En Périgord, les paysages contribuent à notre identité peut-être autant que nos sites préhistoriques, sans doute plus sûrement que nos monuments, le prestige de notre gastronomie et la vitalité de notre folklore, du moins, les paysages sont l'écrin qui d'une certaine manière cautionne ces atouts. Lorsque la SOFRES demande ce qui caractérise le mieux l'identité patrimoniale d'une région, les sites naturels et les paysages arrivent nettement en tête.

Et ces paysages sont fragiles, d'autant plus fragiles que la topographie n'est pas science exacte, elle a trop à voir avec l'âme ; toutes deux entretiennent une relation bien trop subtile, des immanences et des correspondances bien trop mystérieuses !

Tenez ! Lorsqu'on appartient à l'une de ces familles de terroir qui borna ses ambitions aux limites d'un département, circonscrivit ses relations à un cousinage suffisamment pléthorique pour n'avoir pas à chercher ailleurs, il est fréquent, qu'avec le temps, la moindre route départementale devienne pour nous une sorte de route ombilicale, une voie sacrée, avec ses saints lieux et ses mémoriaux. Peut-être mystification de l'âge qui attribue des splendeurs aux décors de l'enfance et fait de l'adulte un éternel exilé. Mais mille détails, signes épars où s'accrochent des lambeaux de souvenirs composent au-delà du paysage réel, un paysage recomposé par l'âme. Chaque échappée, chaque petite localité traversée est un jalon du souvenir, un rappel d'allégeance, un point cardinal de notre mythologie familiale. L'enfance est une nébuleuse éclairée de fulgurances émotionnelles dont la trace ne s'érode jamais. Le temps et l'âge de raison n'y pourront rien changer. Après une période d'incubation distraite, presque oublieuse, nous avons été modifiés par les paysages que nous avons eu sous les yeux, comme nous ont modifiés nos premières lectures, à l'âge où l'imaginaire est vierge. S'ils ont été préservés, notre âme s'y régénère miraculeusement. Et un rien y suffit : un reflet de la lumière sur la pierre, une certaine légèreté de l'air, un parfum, un écho ou d'autres choses encore, détectables de nous seuls, impalpables, à la fois familières et indicibles. Et ces retrouvailles sont heureuses, ne ressuscitent que des bonheurs comme si les peines, les effrois, les doutes des premières années s'étaient dilués dans une exquise nostalgie. S'échauffe dans nos veines une brûlante jubilation enflammée par de mystérieuses immanences, un peu comme si notre code génétique avait à voir avec ces paysages. Nous sommes irréfutablement *chez nous*, même si, parfois, rien ne nous appartient, mais le paysage nous habite, étrange réciprocité, obscur droit du sol des terres ancestrales, *des terres premières ou des terres d'élection.*

Patrick Modiano, dans son dernier livre parle de l'importance centrale et structurante de la topographie qu'il dit apte à cristalliser les sentiments. *Un homme sans paysage est bien démuni*, écrit-il. Et aujourd'hui, se répand une angoisse diffuse, mais bien réelle de la perte du sol. Tout le monde cherche ses racines, cherche à se *réenraciner*, à s'enraciner, rêve de se "ressourcer". Il faut retrouver, ou trouver sa terre. Le ressourcement identitaire est une tendance mondiale de ce début de millénaire. Nos paysages, dans leur singularité, *cette exception paysagère* française, avec leur supplément d'âme – *la french attitude* dans son principe universaliste – sont une réponse vitale aux défis de la globalisation planétaire.

*

Nous avons encore la possibilité de sauver ce qui doit être sauvé, c'est-à-dire sauver avant qu'il ne soit trop tard ce qui fait ici le bonheur des gens depuis longtemps, parfois à leur insu, par habitude. Nous avons là une responsabilité très grave à l'égard des générations présentes et surtout à venir.

La quasi-totalité des centres urbains, par le jeu des périmètres de protection autour des monuments classés sont en cours de sauvetage. La réhabilitation des centres historiques de Périgueux, Sarlat et Bergerac fut exemplaire. Et pourtant, souvenons-nous du tollé que soulevèrent dans les premiers temps ces dispositions "archaïques et liberticides" chez les riverains et les commerçants des secteurs concernés, quelles résistances focalisèrent les directives des architectes des Bâtiments de France ! Et c'est ainsi néanmoins que des quartiers entiers, considérés comme déshérités, furent revitalisés et revalorisés. Afin de corriger les effets de la soudaine plus-value immobilière sur l'harmonisation sociologique, des hôtels du XVIIe ont été remarquablement aménagés en logements sociaux. Et voilà le patrimoine non pas considéré comme décor muséal, mais redevenu cadre de vie et de bien-être, devenu un luxe qui n'est pas l'apanage de quelques-uns, mais l'usufruit de tous. Il faut qu'il en soit de même en milieu rural, pour les villages et leur environnement : ils doivent rester des *géographies du bien-être.*

Bien sûr, il y a les parcs naturels nationaux et régionaux. Mais cette politique ségrégationniste peut aussi avoir ses limites : attirer les touristes dans des enclos arcadiens, des espaces-musées, et concentrer les équipements productifs sur le reste du territoire au mépris de toutes considérations esthétiques. Bien sûr il y a les P.O.S. (Plan d'occupation des sols), les Z.P.P.A.U.P. (Zone de protection du patrimoine architectural, urbain et paysager) et les P.L.U. (Plan local d'urbanisation) qui sont tout au plus des garde-fous. Et cependant, plus de la moitié de nos communes rurales n'ont pas encore osé s'y confronter. Pire ! À peine 20 % d'entre elles n'ont pas eu le courage de voter pour donner à ces dispositions force de loi sur la commune. Hélas, je sais bien qu'établir et voter un P.L.U. en période électorale exige un courage et une diplomatie qui touchent à l'héroïsme ! Pourtant, le patrimoine paysager, peut-être plus encore que le patrimoine archéologique, correspond à un usage, à un besoin vivant et quotidien. Il est le cadre, le décor de notre vie, le terreau où s'enracinent notre sentiment d'appartenance, nos repères, notre identité profonde. Il commande le désir de vivre ici plutôt qu'ailleurs.

*

Alors, n'ironisez pas sur l'utopie de mon propos, comme le firent en d'autres temps les railleurs, les cyniques ou les myopes lorsque certains, par exemple, évoquèrent cette idée folle de congés payés – Vous pensez, payer des gens à ne rien faire ! – ou d'autres, plus récemment, alertant sur les dégradations de l'écosystème, ou comme ceux-là prétendant promouvoir et démocratiser la culture, considérant qu'elle était un facteur d'émancipation pour les peuples et d'enrichissement pour leur pays ! Aujourd'hui les concepts de repos institutionnalisé, de protection de l'environnement et de diffusion de la culture sont des évidences pour tous. Personne ne conteste plus que Montaigne, la Joconde, Versailles et le Mont-Saint-Michel ont fait plus pour le prestige de la France que beaucoup de nos prouesses technologiques, ont probablement rapporté autant de devises que Michelin et les avions Dassault réunis.

En Périgord, depuis quelques années, les activités liées au tourisme sont la première richesse économique du département, ou pour le moins, font jeu égal avec l'agriculture. Et cependant, dans les domaines de l'accueil et de la promotion touristique, beaucoup reste encore à faire !

Mais l'offre touristique, c'est avant tout du bonheur de vivre, de la beauté, du pittoresque, de la culture, en somme des enchantements. Et d'abord des paysages dans lesquels on est heureux, des paysages multiséculaires riches de leur puissance d'évocation, s'étendant sur toute la surface d'un pays et non limités à quelques *points de vue ou à quelques parcs régionaux* au-delà desquels sévit la banalité. Ce sont des authenticités préservées au milieu desquelles il fait bon séjourner, il est agréable d'habiter et de travailler parce qu'elles proposent les variations infinies du bonheur de vivre.

Nous pouvons supposer que l'industrialisation exponentielle et l'extension des mégalopoles ne sauraient être infinies. D'ailleurs, l'inconscient collectif ressent obscurément la menace et cherche refuge dans un passé perdu et idéalisé, ou dans l'écologie, ou dans la quête d'identité, d'*empaysement*, d'enracinement. Des régions comme la nôtre, si nous savons les préserver et gérer cette mutation, ont naturellement vocation à devenir les sanctuaires universels d'une relative permanence de la beauté du monde, d'un art de vivre et d'une certaine idée de la *Civilisation*. Avec leur patrimoine naturel, historique, culturel, coutumier, avec leur capacité suggestive et leur résonance sur l'imaginaire, elles peuvent devenir pour le millénaire nouveau ce que fut la Grèce pour le précédent.

Ne faut-il pas voir là l'un des enjeux majeurs de la décentralisation, de l'aménagement du territoire et du *développement durable* ?

Ne vous gaussez pas de la prétendue naïveté de ceux qui comme moi vous adjurent d'admettre que nos paysages, exténués d'histoire, plus vieux que le temps et toujours sémillants dans la fraîcheur de l'instant, sont une réserve d'âme et de richesses encore inimaginables aujourd'hui, et qu'il est urgent d'agir avant l'irréversible. Ici et maintenant se joue quelque chose d'essentiel. Je ne puis imaginer qu'au pays de Montaigne, ni le respect, ni l'amour, ni la sagesse ne finissent par triompher. Allons, un peu de clairvoyance, un peu de courage politique !

Ne prenons pas pour nécessaire au bonheur des hommes, pour modernité, pour progrès, pour *incontournable* ce qui n'est parfois que foucades, facilités d'actualité, compromissions doucereuses ou prétextes de pacotille *politiquement corrects*. Ainsi, nous n'aurons pas à pleurer un jour sur tant de beauté perdue, ainsi nous n'aurons pas à souffrir des brûlures du remords de ne pas avoir fait tout ce que nous pouvions pour la défendre, ainsi nous nous épargnerons le déshonneur des reproches de ceux qui viendront après nous.

UNE QUESTION DE POINT DE VUE

A contempler le panorama que l'on embrasse depuis Domme ou Belvès, Castelnaud ou Montagrier, de la Côte de Jord et des Jardins de Marqueyssac, de la terrasse de Bourdeilles ou du donjon de Beynac... la liste serait trop longue, je prétends – sans jeu de mots de commis voyageur – que le bonheur est aussi une question de "*point de vue*". Le fou de nature que je suis s'y éblouit devant la cavalcade des collines et la course des nuages. Quel spectacle ! Il y a la lumière qui joue les illusionnistes, fait ses tours de magie, imprévisible et surprenante, éblouissant ici le versant d'un coteau ou plongeant là-bas un vallon dans une pénombre mystérieuse pour exciter la rêverie. Et puis il y a le concert des couleurs dont chaque saison compose les nouvelles harmonies, quand les camaïeux de verts du printemps sont une symphonie, quand les cuivres de l'automne tonnent de tous leurs ors. En somme le grand jeu comme sait le faire la nature avec des *trucs* simples et vieux comme le monde : du minéral, de l'eau du végétal et quelques beaux accidents géologiques. On peut y jouir d'une vue imprenable sur l'amoncellement du temps. Les hommes y ont fait leur petit numéro, rajoutant ici ou là quelques gracieusetés du meilleur effet : la majesté de champs striés de sillons tirés bien droit, des architectures castrales ou fermières bouleversantes à force de justesse, des hameaux si jolis qu'ils semblent prendre la pause à l'approche du premier touriste venu, des jaillissements de peupliers d'Italie plantés au bon endroit comme pour exalter l'harmonie, des petites routes facétieuses qui jouent à saute-colline, disparaissant parfois sous un couvert pour trafiquer quelques manigances romantiques ou marauder à la sortie du bois une belle échappée sur le grand large du pays.

J'ai chaque fois la conviction d'avoir sous les yeux le plus beau pays du monde. Et chaque fois j'enrage de ne pouvoir partager mon extase. Je crains que par habitude, beaucoup ne voient là rien que d'ordinaire.

Pardon pour cet excès de chauvinisme béat. D'autant que je suis peu *regardant* – si vous me passez le mot – sur le lieu du belvédère, au point de prétendre chaque fois que c'est là mon "point de vue" préféré. D'ailleurs, j'aurai pu vous citer d'autres *points sublimes* : dans les gorges du Tarn ou du Verdon, ou le sommet du mont Mézenc et de la montagne de Lure, ou la colline de Sion, ou le belvédère de Vézelay et beaucoup d'autres encore de ces panoramas grandioses comme la Création, vieux comme le monde. Avec leur parfait mépris du temps, ils déploient dans l'instant un sentiment d'éternité. Ils rayonnent de lumière et d'une bonne philosophie très naturelle. Ils diffusent un mysticisme panthéiste qui pousse même le mécréant à consentir à Dieu un satisfecit pour l'existence de cette réalité en grand apparat.

Ces promontoires octroient à chacun une hauteur de vue qui accorde, même aux esprits les plus torturés ou les moins enclins à la philosophie, une vision plus harmonieuse et plus rassurante du monde. L'ordonnance et la beauté des choses leur apparaissent évidentes de sagesse. Ce sont ces paysages qui offrent aux hommes un peu de cette éternité leur donnant à croire qu'ils sont un peu moins de passage. Nous avons un besoin pathologique de fonder notre joie sur des choses éternelles, c'est tellement rassurant ! Ça nous console de notre effroyable précarité. Que passent les siècles, les guerres, les révolutions, les rois, les dieux même, ces collines, cette lumière, ce ciel ne sont-ils pas immuables, indéfectibles ? Éternels.

C'est mon point de vue – et je le partage ! Ne souriez pas, je veux dire que l'on ne peut garder pour soi pareilles beautés, pareilles jubilations. Il y a un bonheur infini à vivre pour et à cause de ces visions, de ces instants : les partager, voilà une générosité première, le don minimum. Je veux dire aussi que l'on ne peut y porter atteinte sans faillir, sans blasphémer, sans trahir l'avenir.

Si l'on veut à toute force me contredire, suspecter ma bonne foi, me prétendre subjugué par amour, me traiter de poète, c'est-à-dire au regard de certains, d'inconséquent, je ne me dédis pas. Je ne doute pas que des grincheux me taxeront de lyrisme fumeux post-soixante-huitard. Mais je persiste et signe, car je sais que me suivra l'armée de ceux qui savent que la Beauté et le Bonheur des hommes sont indissociables.

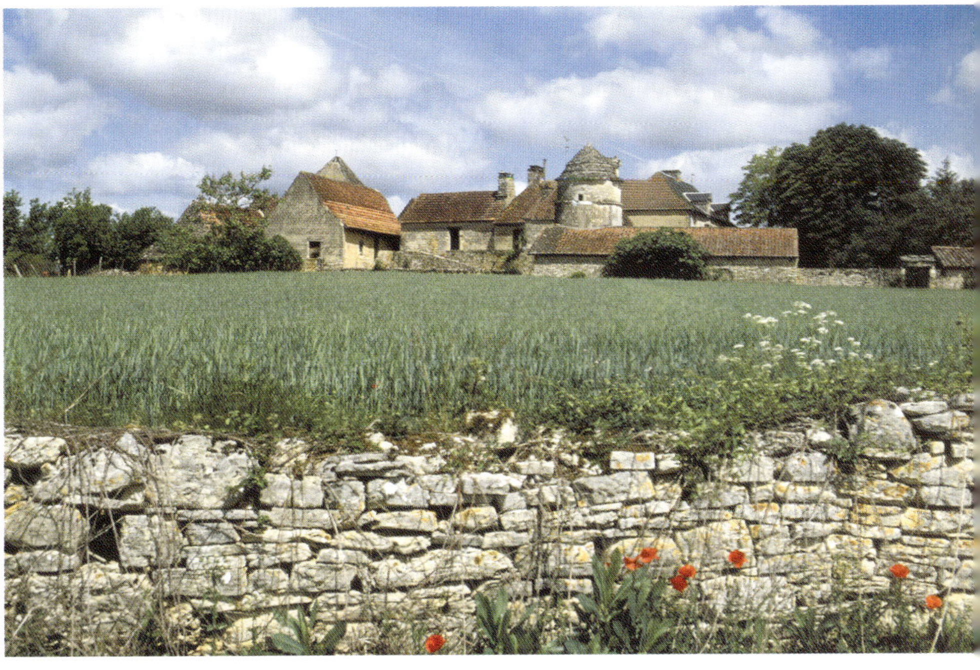

PAYSAGES ET SPIRITUALITÉ

Les paysages périgordins sont des miracles naturels sublimés par le travail et le génie des hommes. La vision que l'on peut en avoir certains jours est capable de vous éblouir pour la vie. Comme des mirages toujours recommencés.

Henry Miller, en route pour la Grèce, passa par le Périgord : " *Rien que le coup d'œil sur la rivière noire et mystérieuse, du haut de la magnifique falaise debout à l'orée de Domme, suffit pour vous emplir d'un sentiment de gratitude impérissable. Pour moi, cette rivière, ce pays appartiennent au poète Rainer Maria Rilke. Ce n'est pas plus la France que l'Autriche, ni même que l'Europe : c'est la terre d'enchantement jalousement marquée par les poètes et qu'eux seuls ont le droit de revendiquer comme leur. Rien ne m'empêchera de croire que si l'homme de Cro-Magnon s'installa ici, c'est que le sentiment religieux avait déjà atteint en lui un haut degré de développement et qu'il a fleuri en ces lieux, alors même que l'homme vivait comme une bête au fond des cavernes. Rien ne m'empêchera de croire que cette région de France est destinée à demeurer éternellement un lieu sacré pour l'homme et que, lorsque la grand-ville aura fini d'exterminer les poètes, leurs successeurs trouveront ici refuge et berceau.*" Ainsi parlait Henry Miller depuis "la barre de Domme".

Tout chauvinisme bu, il est vrai que depuis *la barre de Domme* se déploie l'un des paysages les plus tendres du monde. Les soirs d'été y sont des temps de grâce, des *rachats*. J'en ai fait l'expérience. Dans la plaine toute quadrillée de la belle et antique régularité paysanne, le

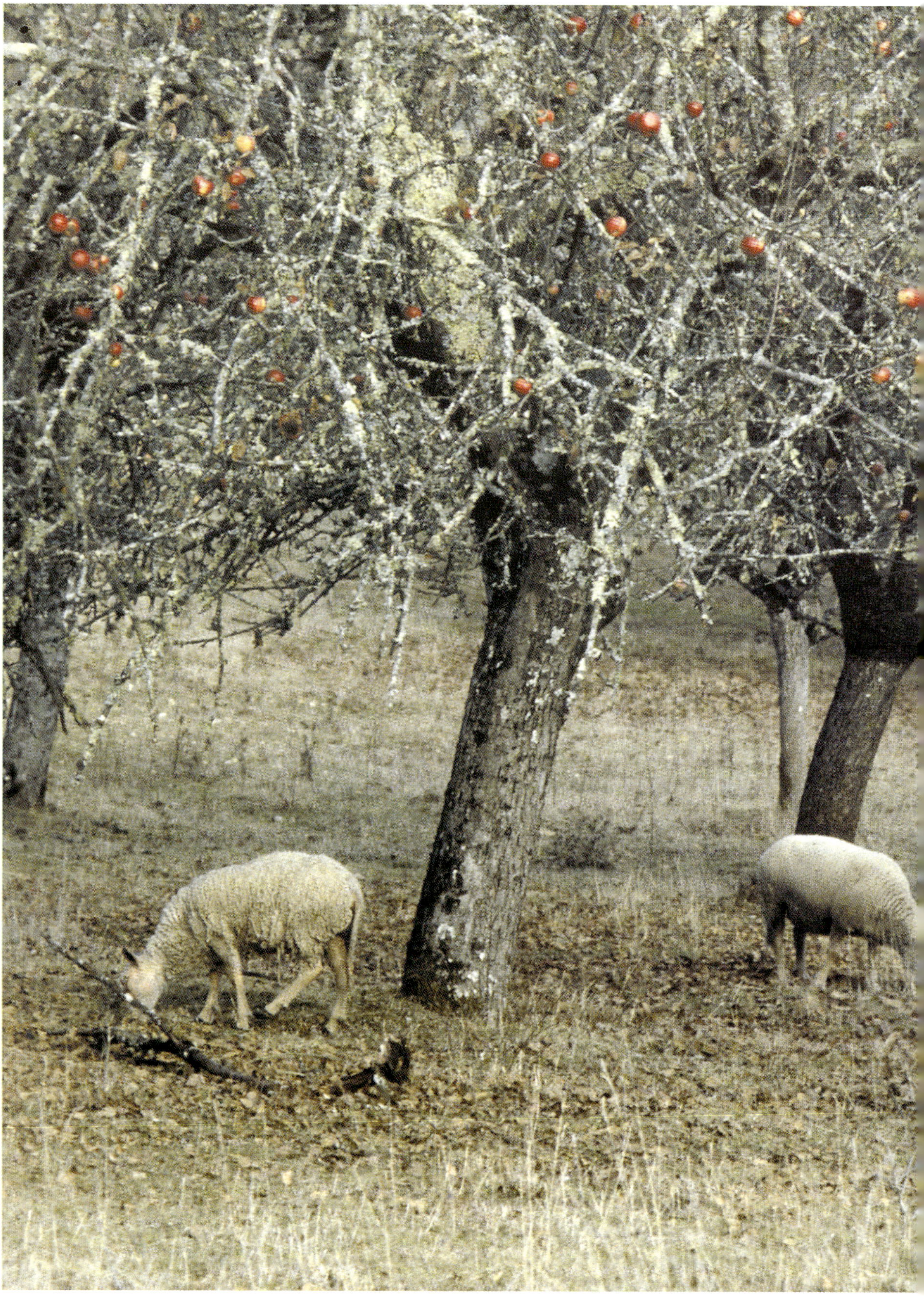

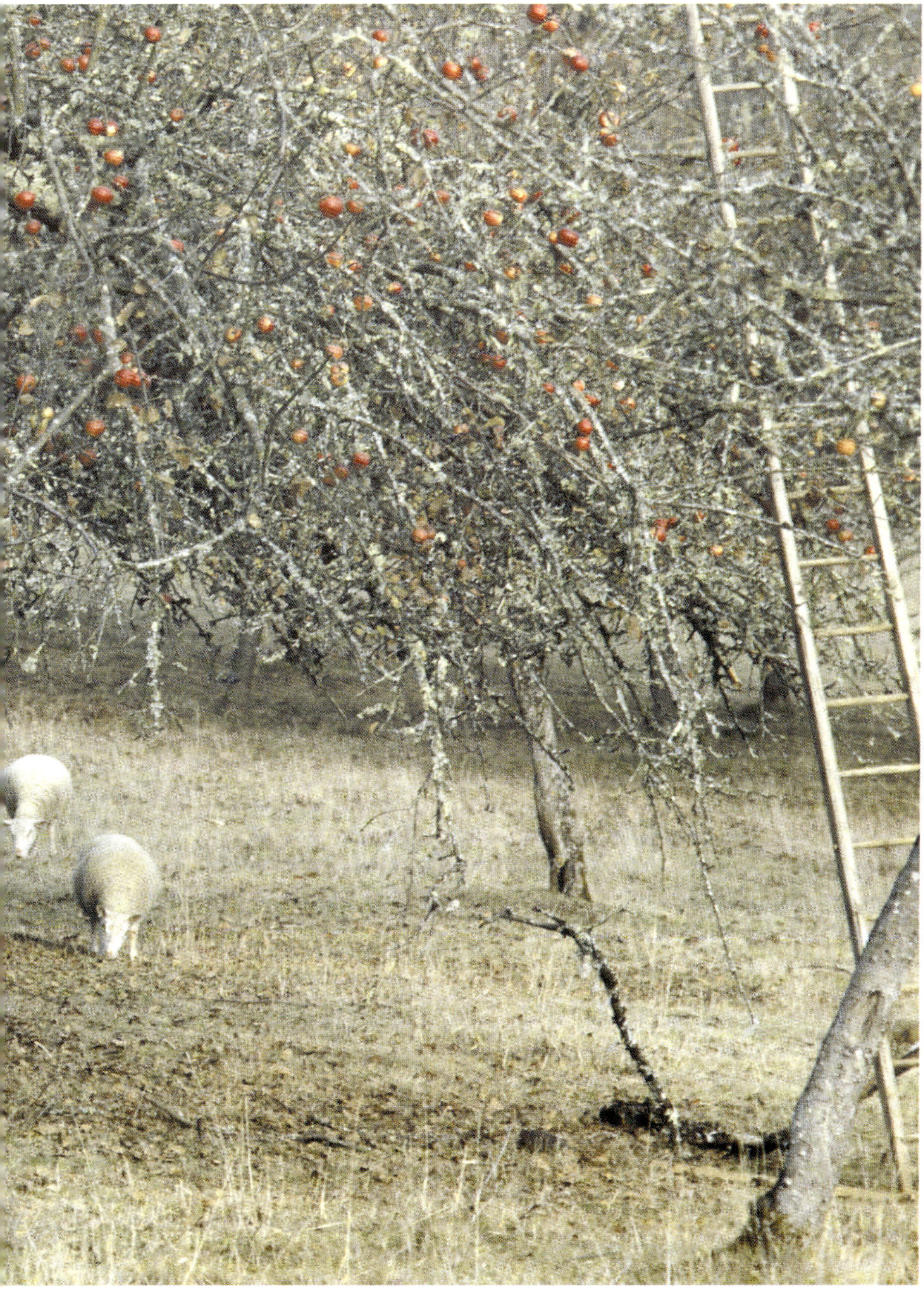

"... Survivances de la plus vieille civilisation du monde qui unissait l'homme, la bête, l'arbre et la terre pour le meilleur et pour le pire. Pacte originel de la sève et du sang."

fleuve où se noient les lueurs du couchant étale sa courbe dans un frémissement d'étincelles. Les falaises qui dominent la vallée s'illuminent, se couvrent d'un rose de corail, hissent Beynac et Castelnaud comme des allégories sur les féeries du ciel crépusculaire. Dans la vapeur des lointains, les collines se creusent de replis ténébreux et la forêt du Périgord moutonne comme une houle noire, soulève juste ce qu'il faut de mystère à la grandeur. Un spectacle *silence et lumière* inouï comme seule la nature en est capable. Un temps fort de l'éternité.

Il est ainsi des observatoires inspirés. Si je peux vous décrire approximativement tout cela, la langue reste néanmoins impuissante à en dire la beauté et les fascinations. Lorsque j'étais enfant, j'avais la sensation grisante de monter vers ces promontoires comme vers le toit du monde. J'avais de là-haut un raccourci démesuré de toute la géographie, comme sur ces planches de mes livres d'écolier qui donnaient à voir ensemble les plaines, les vallées, les rivières, les plateaux, les collines et les montagnes. Je prenais conscience de la divine architectonie des paysages. De là-haut je découvrais la palette prodigieuse de toutes les couleurs du monde, une synthèse de toutes ses beautés, de toutes ses métamorphoses quand le ciel et la lumière s'en mêlent, de tous ses mystères quand la raison abdique. Tout, vous dis-je, même la rotondité du globe.

Et chaque fois je m'étonne qu'il y ait encore tant à voir là où j'ai déjà tant vu. Et toujours je m'émerveille, j'applaudis lorsque se déploie sous mes yeux le grand cirque des collines, lorsque mon regard s'envole jusqu'aux confins du visible. Je salue chapeau bas, je me redresse, bombe le torse et mes poumons s'emplissent d'une inspiration délicieuse qui me soulève comme une voile, grisé d'une liesse étrange, fier d'être de ce pays comme si mon éblouissement m'autorisait quelque vanité. Je cède à un plaisir de grandeur.

Depuis les premiers temps, même du fond de leur primitive barbarie, les hommes ne s'y trompèrent pas ! Ils repérèrent ce fabuleux pays qui semble né d'un engouement de la nature. Très tôt, ils investirent ces tremplins telluriques où, à n'en pas douter, souffle l'esprit, c'est-à-dire, plus prosaïquement, ces lieux qui excitent l'esprit. Car l'esprit aussi a besoin d'excitants pour s'envoler : l'amour, la haine, la mort surtout, mais aussi la beauté sont de ceux-là. Il est ainsi des endroits du monde où la beauté illumine le cœur des hommes et alors ils se prennent à rêver d'art, de bonheur, de liberté, de justice et autres merveilles. Tant de perfection naturelle ennoblit, appelle le dépassement, tant de pureté incite à l'humilité, prédispose à la métaphysique, à la religiosité, pousse au recueillement. A quel haut degré de spiritualité est alors hissée une âme sensible ! C'est en des lieux de la sorte que l'idée de Dieu fit son chemin. Tant de splendeur n'est-elle pas *Le signe*, la traduction du *message* que l'on croit parfois y deviner ?

Se griser à ces contemplations est un acte de foi ou quelque chose qui lui ressemble. Je suis parfois surpris de l'incapacité des gens à s'émouvoir, à jouir de ce qui est beau, surpris de leur impuissance à s'extasier devant le spectacle du monde quand il est beau, sublimement beau. D'autant que nous sommes dans la pièce, nous y avons notre rôle, même si, sans nous, elle n'en est pas moins jouée. Nous sommes au centre de la scène, au centre du monde. Nous sommes le centre du monde. C'est vers nous que le parterre des champs, des prés et des bois regarde, autour de nous que la troupe des collines fait la ronde. Comment douter de l'harmonie complice et préétablie entre ce paysage et ce que l'on est ?

Certains pensent que nos paysages ont affaire avec le révolu, que leur défense va à contre-courant. Ceux-là cèdent à un poncif de modernité déjà rétrograde. Car nos paysages sont d'une ardente actualité, plus que jamais d'avenir. Ils comblent le vide terrifiant laissé par ce qui, récemment, dans l'histoire des hommes, a pris fin : *le sentiment d'une permanence*. Sentiment essentiel à l'âme humaine qui est gourmande d'éternité. Les rois, les empires, les civilisations même sont passés, mais la beauté de nos paysages demeure, immuable, dans sa plénitude première. Le temps s'abolit. Le charme transcendant offert par ces échappées sur l'éternité est, paradoxalement, de persuader les hommes que rien n'est tout à fait vain de leur passage et de leurs tribulations éphémères.

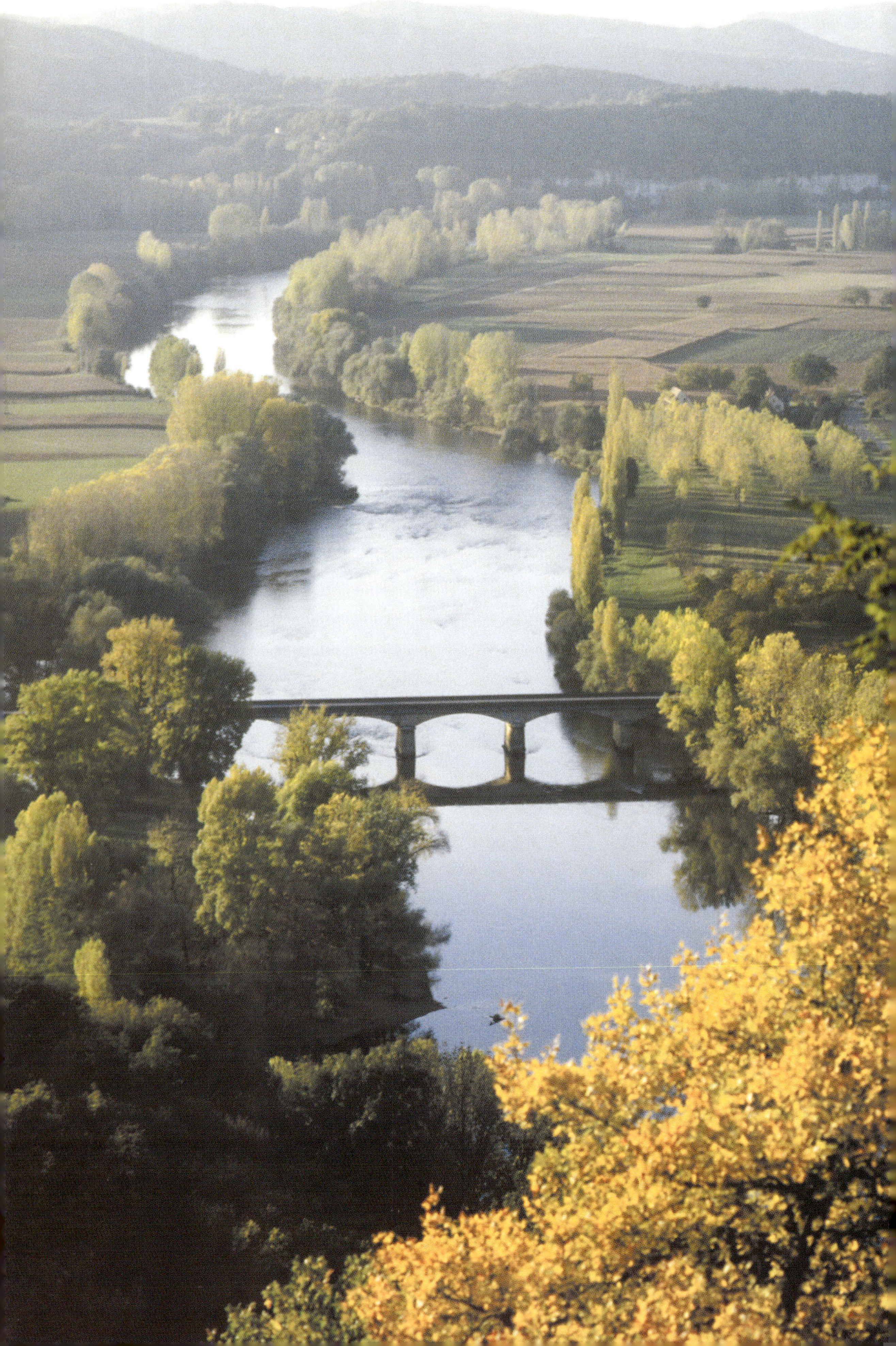

CES PAYSAGES DONT SE NOURRIT L'ÂME

Quel énigmatique pouvoir peut émaner d'un beau paysage ? Nous sommes touchés bien plus loin que les yeux, que les sens, que le cœur même. Au-delà de l'attrait qu'il exerce sur notre imaginaire, je voudrais savoir ce qui est atteint si spontanément avant toute pensée, je voudrais comprendre ce lien qui le lie si intimement à notre âme, comprendre pourquoi tant d'hommes y noient leur regard à rêver d'infini à perte de vue, pourquoi le regard s'échappe bien plus loin que le panorama lui-même, pourquoi depuis toujours tant de peintres s'y éblouissent. Pourquoi le promeneur, même s'il n'est ni peintre, ni photographe, ni philosophe, ni poète, ni rien, s'arrête ? Troublé par quoi ? Et jusqu'où ? Pourquoi le pèlerin éprouve irrésistiblement la nécessité d'y planter un pardon ou un oratoire ?

Quel plaisir extrême on peut retirer de la contemplation de cette beauté *agissante*, quelle inépuisable réserve de rêves constituent ces échappées sur de pareils paysages ! Et cependant, ce qui m'est évident, quelques-uns me crient : *où le voyez-vous ?* Je sais bien que certains d'entre nous sont des somnambules qui meurent sans avoir ouvert les yeux. "*Nous ne regardons jamais assez, jamais assez passionnément le monde,*" disait Colette. Irais-je jusqu'à penser comme Henry Miller que la beauté de la nature, à défaut de celle de l'homme, nous console ?

Et quand bien même ces magies paysagères me jetteraient-elles de la poudre aux yeux, c'est de la poudre d'or ; et tant mieux si, complices des roueries de ma muse, elles me jouent la "*grande scène du deux*". J'en redemande. Je demande à voir encore. Je veux voir tout mon saoul. Il est des ivresses qui ressemblent à s'y méprendre à des actions de grâce. Les gens de mon espèce peuvent se saouler à contempler cette beauté inépuisable. Jusqu'à y voir double, à y voir flou, et croire voir par-delà l'horizon le bouleversant mystère du bout de la terre, à moins que ce ne soit le commencement du monde.

*

Paysages familiers, paysages hospitaliers, pourvoyeurs d'images, de visions furtives et définitives, représentations certes convenues, vite reconnues, mais dont le cœur et l'esprit ne sont jamais rassasiés. Signes intemporels et renaissants quotidiennement, comme si, doués d'une capacité de renouvellement insensée, leur fraîcheur n'en finissait pas de nous toucher. Ce sont les courtes manifestations de ces petits bonheurs gratuits, accessibles pour quelques minutes, quelques secondes, à déguster *sur le champ*. C'est précisément ce champ labouré fumant sous la lumière des premiers rayons du jour, c'est la colline qui fait le gros dos sous l'averse de mars, c'est la blondeur des blés sous juillet, c'est le fabuleux tropisme des tournesols défiant le soleil de leur ferveur d'or, l'odeur poivrée des maïs et, l'automne venu, les chuchotements du vent dans leurs fanes séchées, c'est toute cette symphonie agreste de couleurs et de senteurs à la magie inaltérable. C'est l'alignement des andains et le parfum inouï des foins, c'est sur les chaumes des moissons la belle régularité des roundballers et, perché sur l'un d'eux, ce busard immobile et vigilant comme le gardien farouche d'un palais aux murailles d'air, c'est au loin le lent cabotage d'un tracteur dans la houle ocre des labours, la procession rousse du troupeau de limousines à l'heure de la traite, ce corbeau esseulé à la cime d'un noyer qui semble convoquer le renard, c'est cet homme un peu voûté poussant une brouette sur le chemin et cet enfant à bicyclette ramenant dans sa main un bouquet de fleurs sauvages pour la petite vacancière, et la vieille qui lui sourit.

Et pourtant, c'est tout cela que l'on est peut-être sur le point de sacrifier à la folie des temps. Dans quelle disposition de cœur et d'âme sommes-nous ? Quel aveuglement ! Par facilité. Par passivité. Comment pourrait-on accepter de désertifier, de vitrifier cette ruralité ? Il ne s'agit point là de nostalgie, mais d'instinct de survie. Comment peut-on être assez inconscient pour se croire préservé des conséquences de cette déshumanisation ?

Comment imaginer que la vulgarité ambiante puisse tout submerger ?

Et pourtant, l'abandon des champs et des pâtures, les paysans en fuite, le mitage des paysages par des constructions intempestives et laides, les lignes à haute tension qui balafrent les horizons ne sont hélas plus une vue de l'esprit !

On sait que le bonheur des hommes est aussi subordonné à leur environnement. Hölderlin disait que l'homme *habite poétiquement la terre. On sait aussi que l'état poétique est l'état second, qui existentiellement est toujours le premier.* Alors, tant qu'il y aura des hommes gourmands pour ouvrir des yeux ronds éblouis sur des paysages où la jeunesse éternelle du monde n'a rien cédé de sa fraîcheur des origines, tant que des hommes seront capables de mêler leur âme à celle d'un paysage, expression supérieure de l'instinct de survie, il y aura une espérance qui s'opposera à l'anéantissement. Voilà les raisons pour lesquelles je m'adresse à vous, élus du peuple. Et ce que je vous demande, je sais que vous pourrez le faire ! Je vous le redis : vous avez souvent réussi plus difficile !

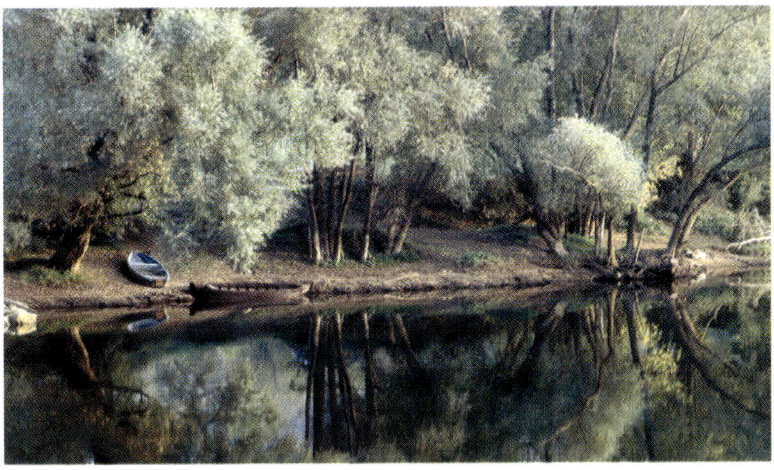

ÉTAT DES LIEUX

Ce n'est pas seulement du blé qui sort de la terre labourée, c'est une civilisation tout entière.

Alphonse de Lamartine

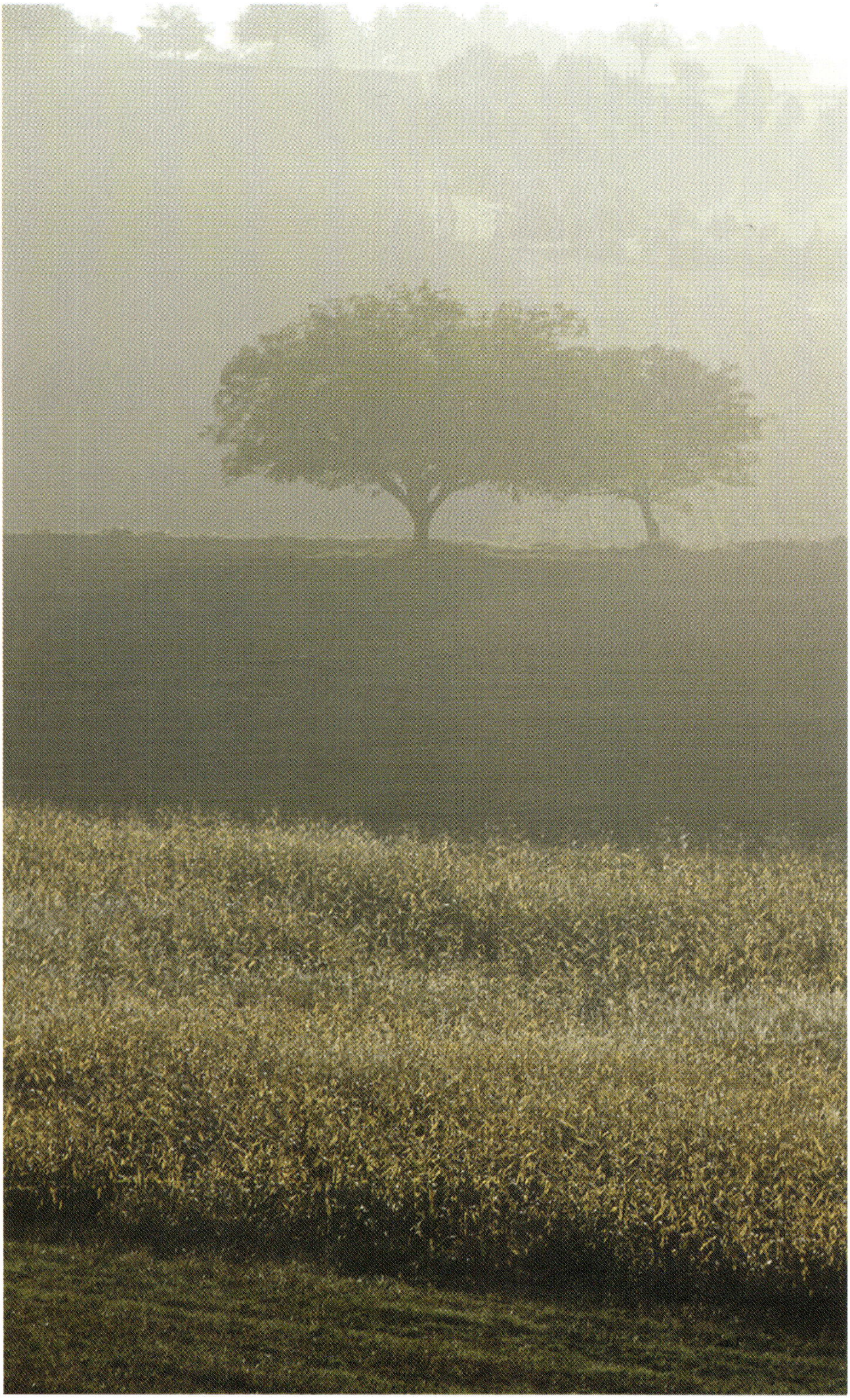

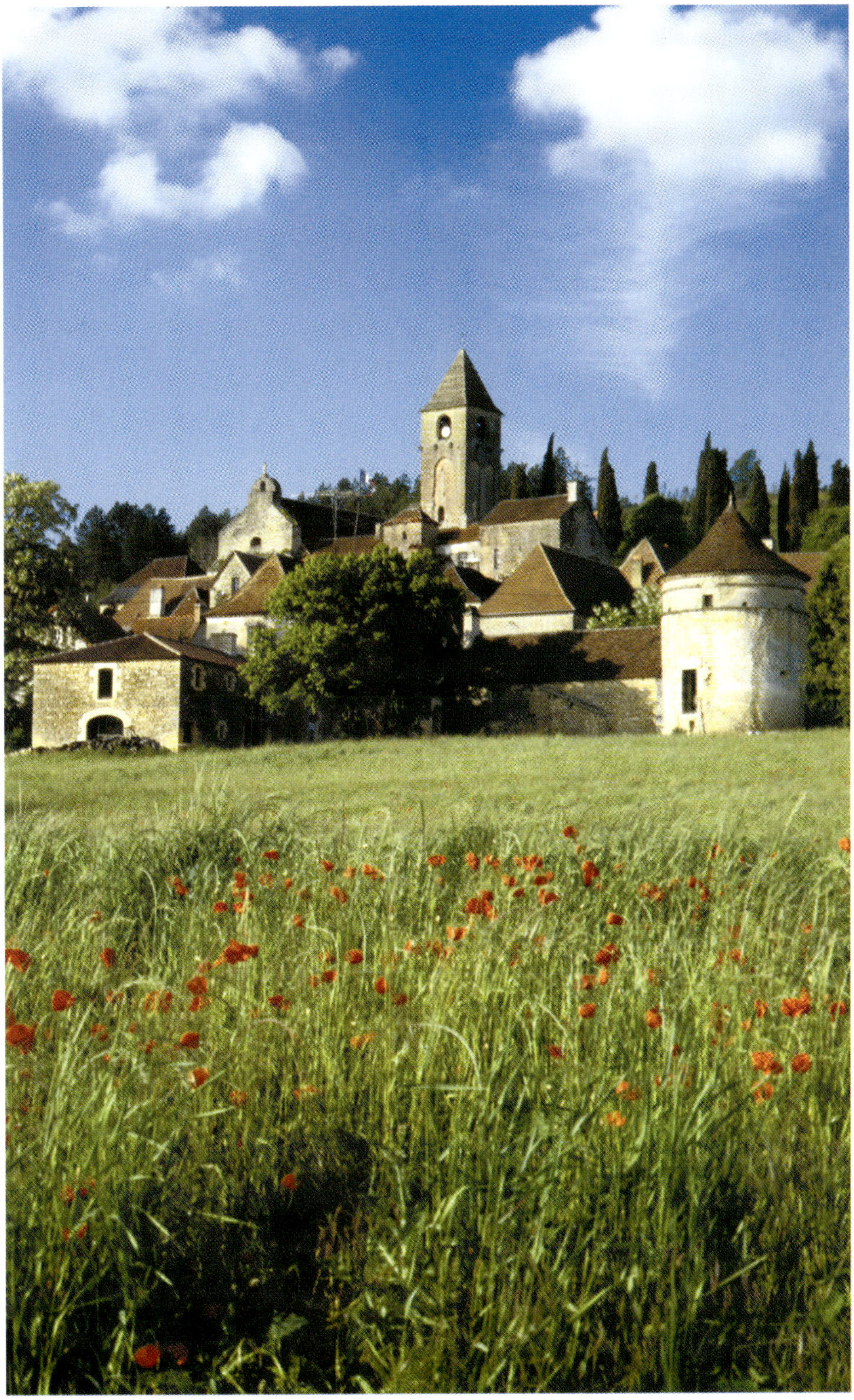

DES PAYSAGES HUMANISÉS

Il a fallu du temps, beaucoup de temps aux hommes pour apprivoiser la nature et y trouver leur subsistance. Quel génie du sol durent-ils avoir pour ordonner l'espace originel jailli de la belle indifférence des ères géologiques, et enfin s'y sentir chez eux ! Chez eux sur cette terre couvée du regard par des générations de paysans, jusqu'à lui vouer une étrange et imprescriptible passion, au point que l'on ne sache plus, quelques millénaires plus tard, qui, du paysage ou de l'homme a façonné l'autre.

Un paysage se construit lentement, très lentement. Et si la géographie, la topographie, le climat même y sont déterminants, ce sont la disposition des villages, des hameaux, le tracé des routes et des chemins, la répartition des forêts, des prés, des champs et la manière de les travailler, en somme les harmonies de ce bel ordre paysan, qui l'ont modelé au fil des siècles, l'ont "humanisé" avec une sagesse et une délicatesse extrême.

Notre agriculture fondée sur l'exploitation familiale de la terre est l'héritière d'une très ancienne civilisation paysanne. Elle recouvrit ce pays d'un "terreau culturel", sans nul doute le plus épais et le plus insondable des constituants de l'âme du Périgord. Ainsi est-il l'une des rares régions rurales à ce point marquées par l'humanisation de ses paysages. Sans doute y puise-t-il les racines de son identité.

La nature n'est jamais aussi belle que façonnée par l'homme. D'abord le beau quadrillage des champs aux sillons appliqués comme pour un concours de labour, les pâtures piquetées de troupeaux, la majesté des vieilles châtaigneraies, la rigueur des noyeraies alignées comme à la parade et, parfois, encore un petit carré de vignes comme un rapiéçage d'une exquise nostalgie. Ce bel ordonnancement souvent contenu par des haies vives ou des murets de pierres témoigne de l'intensité de l'ancienne mise en culture, des soins qu'elle supposa et de l'amour qu'elle engendra.

Puis l'habitat aux architectures si particulières, si justes, si merveilleusement dispersées dans le paysage qu'elles semblent s'y inscrire d'évidence ainsi que le font l'arbre ou le rocher. Chaque ferme, chaque gentilhommière, chapeautée de tuiles rousses, chaque hameau dont l'enchevêtrement des corps de bâtiments semble un effet de l'art, règne sur un petit domaine où se pratiqua jusqu'au seuil des années soixante-dix une polyculture de subsistance familiale. Cette façon de vivre en économie fermée sur de petites terres à la mesure d'une ou deux familles inspira sans doute une civilisation très douée en *art de vivre*, au point de réussir parfois à faire d'un certain dénuement une fastueuse précarité. Ainsi, chaque ferme isolée au cœur de ses lopins fut une place forte de cette "humanité", reste aujourd'hui un point d'orgue de l'harmonie de nos paysages qui passent pour être parmi les plus aimables du monde. Du moins sont-ils l'expression d'*une civilisation rurale qui est à l'origine de nos croyances et de nos philosophies, de la majeure partie de notre littérature, de notre musique, de notre peinture et de notre sculpture*, comme le remarque Gérard Fayolle. Et le monde actuel trouve encore souvent ses sources d'inspiration dans l'authenticité et la diversité de cette vieille civilisation dont la beauté des paysages est le réceptacle. *Si cette authenticité, cette diversité et cette beauté dont le monde rural est le gardien, venaient à disparaître, notre culture nationale se trouverait menacée, comme toutes les cultures du monde.*

La douceur et l'harmonie sont spontanément attribuées au Périgord, tant par l'imaginaire collectif – on en rêve par-delà les continents et jusque sur la côte ouest des États-Unis – que par le vécu des visiteurs et des nouveaux résidents toujours plus nombreux.

Cependant, si maîtrisée soit-elle, si ordonnée, si contenue, la campagne périgordine n'en fait pas moins la part belle à la nature, – le massif forestier est parmi les plus vastes de France, recouvrant plus de 40 % du département, c'est-à-dire beaucoup plus qu'au dix-neuvième siècle. Mais jamais n'en émane le sentiment de solitude, de rudesse, d'hostilité prompt à effacer toute trace d'humanité, comme c'est parfois le cas dans certaines contrées au pittoresque plus farouche, plus primitif, en quelque sorte "moins habitées".

Le Périgord n'est pas recherché comme un paradis sauvage, comme un coin d'univers vierge et désert, taraudé de convulsions géologiques grandioses. Ici, point d'espaces infinis et de miracles de solitude, mais au contraire l'intimité de collines douces, de la mesure, de la vie simple et chaude ; entendez un pays qui cherche à plaire plutôt qu'à impressionner. Un refuge façonné par les hommes pour l'homme qui concentre toute la beauté, la gloire et l'esprit d'un vieux pays ; un sanctuaire de l'humanisme comme un creuset civilisateur – et les hommes sont gourmands de civilisation. Alors, sans doute, viennent-ils chercher en Périgord un supplément de sagesse et d'humanité, y trouvent-ils peut-être une réponse à des questions existentielles élémentaires communes à tous, et aussi, pourquoi pas, une idée du bonheur.

Peut-être, nous les Périgordins, sommes-nous trop immergés dans cette beauté pour la percevoir, pour en concevoir le prix et la recevoir comme un luxe. Pourtant quel étonnement émerveillé chez l'étranger qui découvre l'harmonie d'une topographie où la nature et les hommes ont eu ensemble un tel génie ! Mais pour avoir conscience de cette beauté miraculeuse, il nous faut être contraints de partir au loin. Alors elle prend toute la place dans notre nostalgie. Ne faut-il pas voir là un terrible avertissement si, par malheur, cette beauté venait à être submergée par l'aveuglement de visions à courte vue et l'inconséquence de quelques hommes imprudents, capables de s'y éblouir au prétexte de modernité – pire : de rentabilité éphémère ?

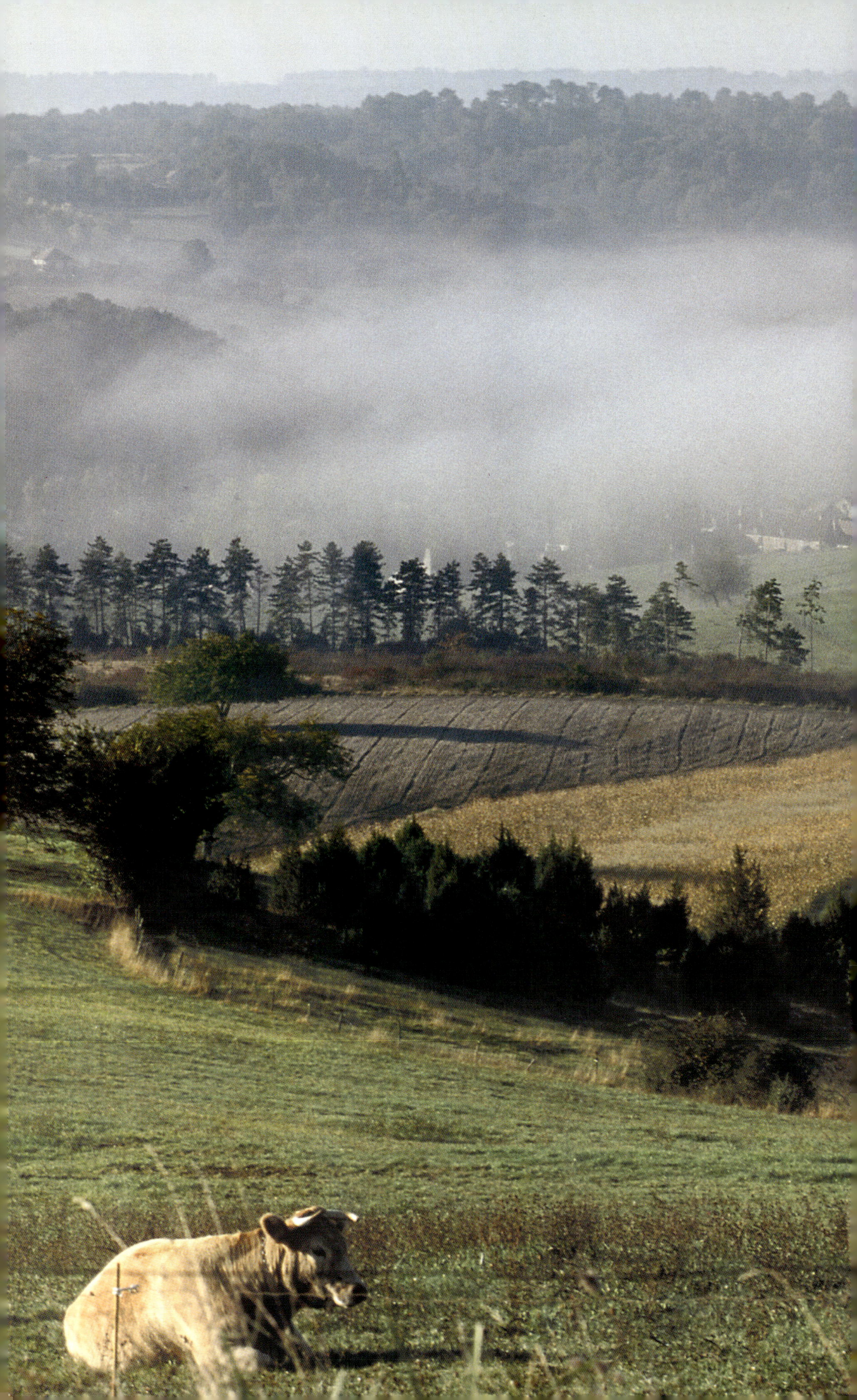

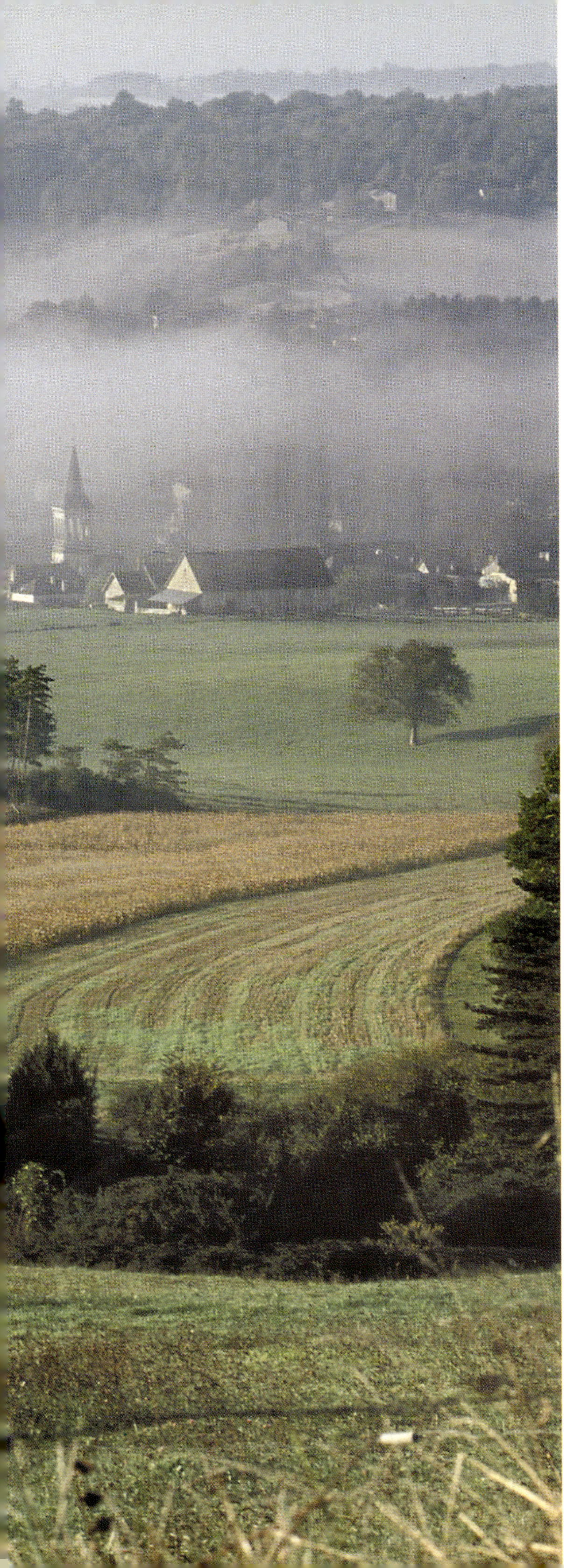

"Ce pays est plein de beaux villages qui semblent aujourd'hui se rapetisser, chercher à passer inaperçus. On pourrait croire qu'ils manquent d'ambition alors qu'ils sont tout simplement secrets, blottis dans des vallons recueillis devant tant de beauté."

PAYSAGES : UNE ŒUVRE D'ART COLLECTIVE

Je ne prétends pas que depuis les tribus pétrocores et la Pax Romana, rien n'ait changé dans nos paysages. Mais au cours de quelques millénaires, une longue suite de paysans les ont façonnés, défrichant, organisant en parcelles, traçant les chemins, bâtissant leurs maisons. Et ces paysans furent parfois si nombreux qu'ils durent défricher au point même qu'à certaines époques, contrairement à l'idée reçue, les surfaces boisées furent beaucoup moins importantes qu'aujourd'hui. Alors, bien sûr, nos paysages ne sont plus tout à fait ceux que contemplaient Montaigne ou Eugène Le Roy. Jusque dans les années 1870, avant les ravages phylloxériques, la vigne occupait une grande partie des terres arables. Les landes à moutons étaient très nombreuses, la surface des parcelles plus réduite et les cultures plus diversifiées. Bien sûr, nos paysages ont évolué, comme tout ce qui vit, mais il y eut toujours des paysans assez nombreux pour se pencher sur chaque lopin, pour trouver la semence ou l'essence lui convenant, pour développer l'élevage le mieux adapté au sol, au relief, au climat. Il y eut le souci diligent de générations d'hommes amoureux de leur terre à en mourir. Voilà comment *le plus beau royaume sous le ciel* prit cet aspect d'Éden où les envahisseurs s'avançaient émerveillés. Voilà comment nos paysages sont devenus une œuvre d'art collective qui a traversé les âges, vivante, si vivante qu'elle ne fut jamais ni tout à fait la même, ni tout à fait une autre...

Et cependant, quelques années d'indifférence et la vie s'en retirerait.

Ce pays de vieille culture – culture, bien sûr, aux deux sens du terme : car ce n'est pas un hasard si, au cours des siècles, souvent l'une induisit l'autre et réciproquement – tient son charme particulier à ce que, précisément, la nature fut rendue aimable par l'homme. Alors qu'ici elle nous plaît et nous apaise, nous charme au vieux sens du mot, c'est-à-dire dans son interprétation médicale, nous calme, nous soulage, nous console, ailleurs, à l'état primitif, sauvage, implacable et farouche, si elle nous stupéfie, nous exalte, elle en vient à nous lasser avant que de nous inquiéter, de nous menacer aussi. Oscar Wilde allait jusqu'à prétendre que *l'Art révèle que la Nature n'a pas de plan, manque étonnamment de fini, présente une extraordinaire monotonie et un complet inachèvement.* Ici, au contraire, les paysages furent mis en œuvre par les hommes. Ici le coudoiement des champs, des pâturages, des bois, des landes, la mosaïque d'une multitude de cultures, la grande fête des couleurs et des formes, la belle ordonnance architecturale des villages et des hameaux, les si nombreux châteaux dominant des vallonnements où semble s'être réfugiée toute la beauté du monde, et jusqu'à la silhouette sans prétention de la ferme ou de la bergerie isolée, oui ! tout cela semble un comble de l'Art. A la fois épure sublime et chef-d'œuvre achevé qui ne manqua jamais de susciter l'envie des plus savants artistes. Peut-être qu'ici, plus que nulle part ailleurs, sommes-nous face à cette confusion créatrice où puissances cosmiques et volonté des faits et des choses humaines, par-delà le tumulte et l'écume des siècles, ébauchent la notion même d'Art.

Oui, je crois que les paysages de ce pays sont une œuvre d'art à inscrire d'urgence au patrimoine de l'humanité. (L'idée n'est nullement saugrenue : c'est d'ailleurs déjà fait pour la vallée de la Vézère). Ils sont et doivent demeurer un conservatoire de l'histoire des hommes, et sans doute un refuge de leur bonheur. *C'est la terre d'enchantement jalousement marquée par les poètes... Ce qui se rapproche le plus du paradis... Le paradis des Français, mettons, par manière de concession. Je suis convaincu que c'était bien cela pour l'homme de*

Cro-Magnon et que s'il s'installa ici, c'est qu'il était extrêmement intelligent, avec un sens de la beauté très développé. Il se peut qu'un jour la France cesse d'exister, mais la Dordogne survivra, tout comme les rêves dont se nourrit l'âme humaine. Voici ce qu'écrivit Henry Miller devant les paysages du Périgord.

Nous admettons tous aujourd'hui que les paysages sont un fait de culture et relèvent du patrimoine. Alors, nous en avons la garde, nous en répondrons devant tous ceux qui viendront après nous... Nous en répondrons devant l'Humanité toute entière car ils sont, d'un bout du monde à l'autre, l'allégorie, dans sa nature et son esprit, de la civilisation occidentale – une civilisation enviée. Ils sont la métaphore universelle d'un certain art de vivre, d'une certaine idée du bonheur des hommes. Bien au-delà de leur beauté intrinsèque, à la fois ils possèdent une réalité concrète et diffusent une essence symbolique dontprécisément se nourrit l'âme humaine. Ils sont la représentation de l'accomplissement idéal de la terre et de la présence des hommes, englobant esprit et matière, histoire et géographie. Aussi, sans aucun mépris pour les émerveillements virgiliens qu'ils suscitent, voire même pour les nostalgies romanesques qu'ils inspirent depuis quelque temps, reconnaissons qu'il n'est plus là question de *pittoresque*, mais d'*harmonie* dans l'acception philosophique du terme.

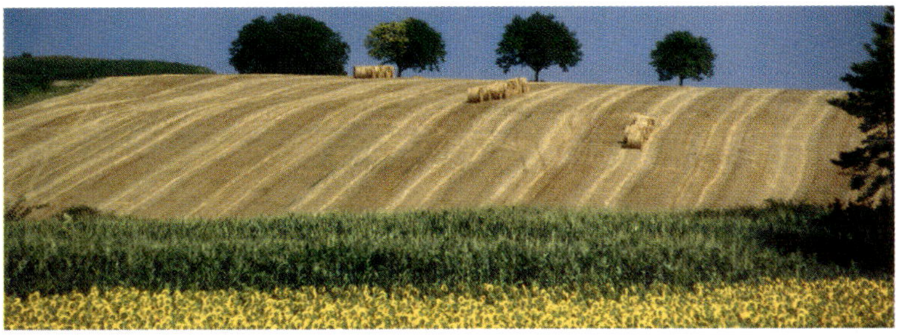

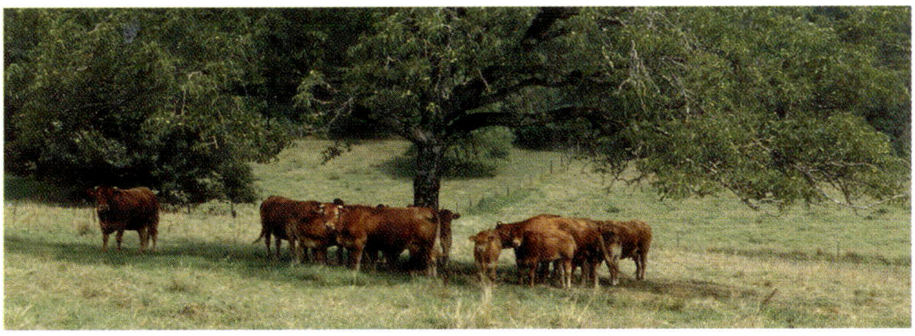

LE RÊVE PÉRIGORDIN

Comme il y eut *le Rêve américain*, je crois, en toute relativité, qu'il existe un *Rêve périgordin* – français en général, périgordin en particulier. Aujourd'hui, de par le monde, nombreux sont ceux qui rêvent du "French paradise" au point de devenir, dans certains pays d'Europe et sur le continent américain lui-même, un véritable fait de société. Les Britanniques voient là leur chemin de Damas, leur "french way of life" comme ils disent. Les Allemands y situent la terre promise d'une vallée du bonheur : "Glücklich wie Got in Frankreich" – "Heureux comme Dieu en France", proclament-ils comme une incantation.

Les raisons profondes de cet engouement pour *le cher et vieux pays perclus d'histoire et d'épreuves* tient d'abord à la survivance d'une certaine ruralité dans les provinces de France, antidote à l'urbanisation exponentielle qui a saisi la planète. Déjà en 1939, Henry Miller prétendait à propos du Périgord que lorsque la grand-ville aurait fini d'exterminer les poètes, leurs successeurs trouveraient ici refuge et berceau. Progressivement, la célébrité du Périgord s'est construite sur l'image d'une région en marge du monde, où rien n'aurait changé depuis... Qu'importe depuis quand, chacun ses repères, son imaginaire. Un pays béni des dieux où les hommes se complurent depuis le fond des âges au point d'inventer, sans doute grâce aux bontés de la nature et à la beauté des horizons, un art de vivre unique et bienheureux.

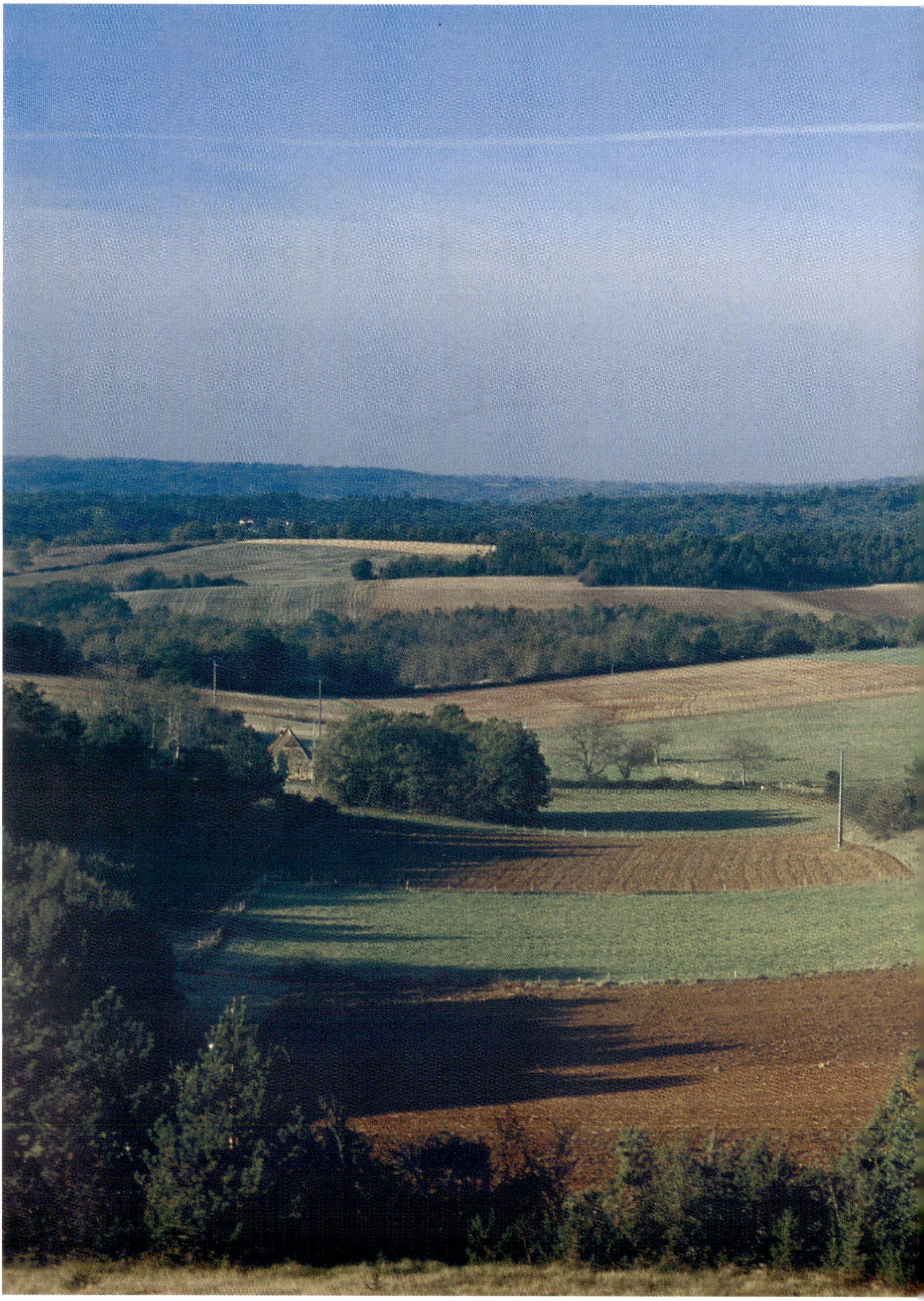

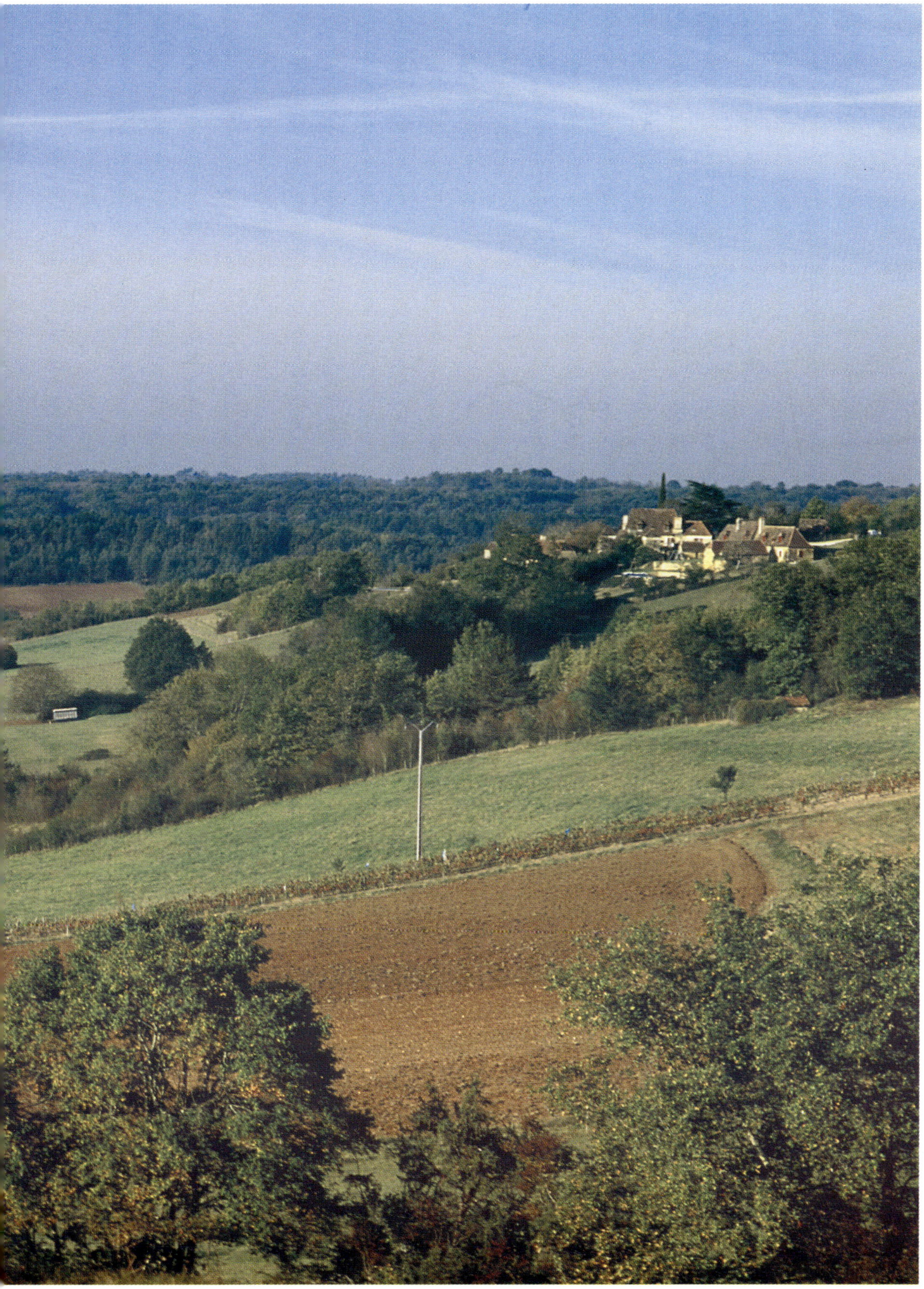

"Il existe des lieux où le face-à-face avec un paysage nous révèle à nous-mêmes. Ce que nous y voyons, contemplons avec délice, est l'image la plus véridique de nous-mêmes, notre désir enfoui d'une certaine existence. On est ébranlé à la pensée du décor frelaté qui est parfois celui de notre vie."

De façon naïve, *le Rêve périgordin* est initialement sous-tendu par un désir "d'authenticité", notion confuse à qui beaucoup confient le soin de cautériser leur âme citadine, vision mythique qui induit la vie au village, la terre nourricière, des productions naturelles, la convivialité des rapports humains, le temps retrouvé, le retour aux sources, la force des racines, l'idéalisation romantique du passé et le bonheur dans le pré. Tout un bric-à-brac dans lequel puise une société "en quête de sens".

On peut déplorer ou se réjouir de cette situation. Mais c'est un fait qui, de mon point de vue, n'est nullement calamiteux, mais au contraire un encouragement, et pour nous Périgordins, une chance et une opportunité à saisir. Il faut y voir une réaction salutaire à la déshumanisation des grandes cités, aux bouleversements annoncés d'une certaine mondialisation, à l'érosion des repères culturels et identitaires. Les hommes ont un besoin irrépressible de rêver, et souvent de rêver d'une vie meilleure, d'une vie nouvelle. Le rêve américain n'étant plus ce qu'il fut et sachant désormais ce qu'il est advenu du rêve socialiste soviétique, nos contemporains se trouvent ou se fabriquent de nouveaux pays de rêve, cherchent de nouvelles Katmandou. Le Périgord est de celles-ci. *Le nouveau monde* est peut-être là pour ceux qui ont choisi de vivre en ouvrant les yeux et l'esprit aux aguets.

Toute une fabuleuse mythologie a concouru à faire du Périgord un paradis. Chantal Tanet et Tristan Hordé dans leur ouvrage "*L'invention d'un paradis, le Périgord*" s'appuyant sur un choix de textes de voyageurs, d'auteurs de guides, de romanciers, de poètes, de géographes, analysent remarquablement les fondements et la montée en puissance du phénomène jusqu'aux années quatre-vingts. Depuis, la promotion touristique et la communication publicitaire ont fait leur miel des "acquis d'image" quasiment universels de cette région, et la désignent au monde comme "Le pays de l'Homme".

Toute communication publicitaire crédible ne pouvant reposer que sur une réalité, il est indéniable que le Périgord concentre un nombre étonnant de richesses et d'atouts. Bien sûr la préhistoire avec en particulier Lascaux et les Eyzies qui sont des incontournables de l'histoire de l'Humanité. Mais il y a aussi la gastronomie, les productions locales et des chefs-d'œuvre culinaires bien au chaud dans l'imaginaire collectif. Il y a l'Histoire qui a laissé là ses traces et ses marques à profusion (après l'Ile de France, la Dordogne est le département qui compte le plus de sites historiques classés), il y a un art de vivre promu monument culturel, illuminé par l'aura inaltérable de la sagesse de Montaigne, enfin et surtout, des paysages d'une affabilité extrême, policés par des siècles d'agriculture traditionnelle et agrémentés d'un foisonnement rare d'architectures charmeuses qui participent du bonheur de vivre ici.

Ne peut-on pas prétendre que les horizons périgordins sont le support, la justification et le réceptacle de tout ce dont se nourrit l'étonnante fécondité de l'imagerie du Périgord ? Et pour s'en convaincre ne doit-on pas s'en remettre tout simplement aux fascinations et aux influences singulières que ce pays exerce depuis le fond des âges ? Peut-on douter de la sensibilité des premiers hommes, devant la splendeur prodigieuse des peintures de Lascaux ? N'était-ce pas en Périgord qu'ils ont choisi de s'établir pour y assouvir leur quête de beauté, plus passionnément que nulle part ailleurs, eux qui disposaient pourtant de la terre entière ?

Est-ce par hasard que les Romains en firent l'une de leurs provinces les plus somptueuses, que les invasions y furent si fréquentes, que les poètes, les peintres et les penseurs y furent, et y sont, si nombreux ? Montaigne et La Boétie, Joubert, Maine de Biran et Léon Bloy ne sont-ils pas Périgordins ?

Doit-on parler d'une mystérieuse alchimie faite de douceur et d'harmonie, ou bien s'agit-il d'un de ces lieux où souffle l'esprit ? Peut-être les deux. Mais de surcroît, le bonheur semble y être plus simple.

Il y a, en effet, une certaine volupté à vivre ici. Pour vous en convaincre, regardez vivre les Périgordins. Ils ont acquis de Montaigne cette "*suffisance de se contenter*" et possèdent un don héréditaire pour cultiver de petits plaisirs cueillis au jour le jour, au fil des saisons et que leur pays produit à profusion. Pour eux, jouir de la vie est une convenance élémentaire du savoir-vivre, la règle première de cet art de vivre dont on parle à propos du Périgord. Ils aiment affûter leurs sens, qu'ils traitent avec beaucoup de déférence et de précaution, un peu comme ils le font de leur couteau de poche, un peu pour les mêmes raisons, c'est-à-dire pour exacerber leur désir et satisfaire leur gourmandise. S'émouvoir simplement des beautés de leur pays ou inciser délicatement de la pointe du couteau une figue confite de soleil et en gober la pulpe, procède d'une même quête paisible de volupté.

Tout en Périgord contribue à cet état de jouissance candide : la géographie, le climat, les paysages, l'architecture, la gastronomie et jusqu'aux traditions qui sont savoureuses.

Je vous sens tout à coup sceptique. Il rêve pensez-vous ! Pourtant le Périgord dont je vous parle et que je connais bien est à la fois plus réel que celui des géographes et des géologues, plus épique que celui des historiens et des archéologues, plus savoureux que celui dont se gobergent les gastronomes patentés, et beaucoup plus accueillant que ce qu'en disent les tour-opérateurs.

Mais encore faut-il savoir l'aborder. Alors, un bon conseil à ceux qui viennent à sa découverte : ne vous y aventurez qu'à petits pas. Sachez que cette jolie province tant courtisée depuis si longtemps a, quoi qu'on en pense, des timidités de rosière et ses jardins secrets. Je vous préviens qu'elle ne se découvre pas à la première œillade et ne se livre pas à la première embrassade. Si elle est avenante, elle n'en est pas moins pudique comme les femmes et les hommes qui l'habitent. Comme eux, cependant elle est aussi capable de volubilité et, en toute innocence, de vous faire le grand jeu de la séduction avec ses berceaux de l'humanité, sa Chapelle Sixtine de la préhistoire, ses mille et un châteaux, ses innombrables églises, ses bastides, ses vignobles, ses truffes et beaucoup d'autres choses encore. Alors, de grâce, laissez-la faire son cinéma ! Le spectacle en vaut la peine...

Après, pour souffler un peu, vous en aurez besoin, faites un arrêt sur image. Choisissez, par exemple, l'une de ces chapelles des champs jalonnant les vieux chemins qui jadis conduisaient à Saint-Jacques-de-Compostelle. Elle sera posée comme un bibelot sur son napperon de pâquerettes à l'ombre d'un gros bouquet d'arbres. Ces petits trésors d'architecture romane ont des lignes si pures qu'ils posent problème : quelle grâce a bien pu guider ces moines paysans, bâtisseurs de cathédrales à la gloire d'un dieu à hauteur d'homme ? Comment, du fond de leur rusticité, purent-ils atteindre à une pareille démesure dans la simplicité ?

Je vous rassure, l'endroit est généralement bucolique à souhait et propice à la méditation. Mais comme ici plus souvent qu'ailleurs, un bonheur n'arrive jamais seul, il est possible que l'âne et le bœuf paissent dans le pré voisin. Dans ce cas, ne boudez pas votre émotion, mais attendez un peu pour crier au miracle, car je vous dois une explication.

J'aurais dû préciser qu'à une époque où le monde va à un train d'enfer, en Périgord, le train du monde est toujours simple, et le progrès n'y a pas de ces comportements de matamore qu'on lui connaît si souvent : il y fut longtemps discret et respectueux. Et si j'écris cette lettre à ceux qui ont en charge le devenir de cette province singulière, c'est pour qu'il en soit encore ainsi demain.

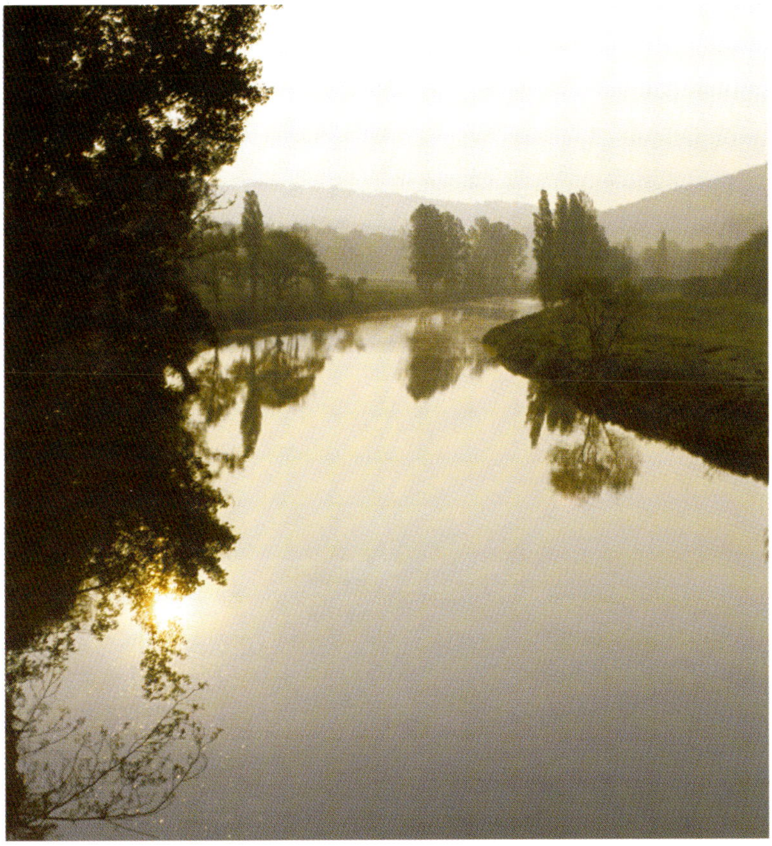

ÉTAT D'ALERTE

"À ne pas manquer " dit le guide,
" À ne pas détruire " ajoutons-nous.

Gérard Fayolle

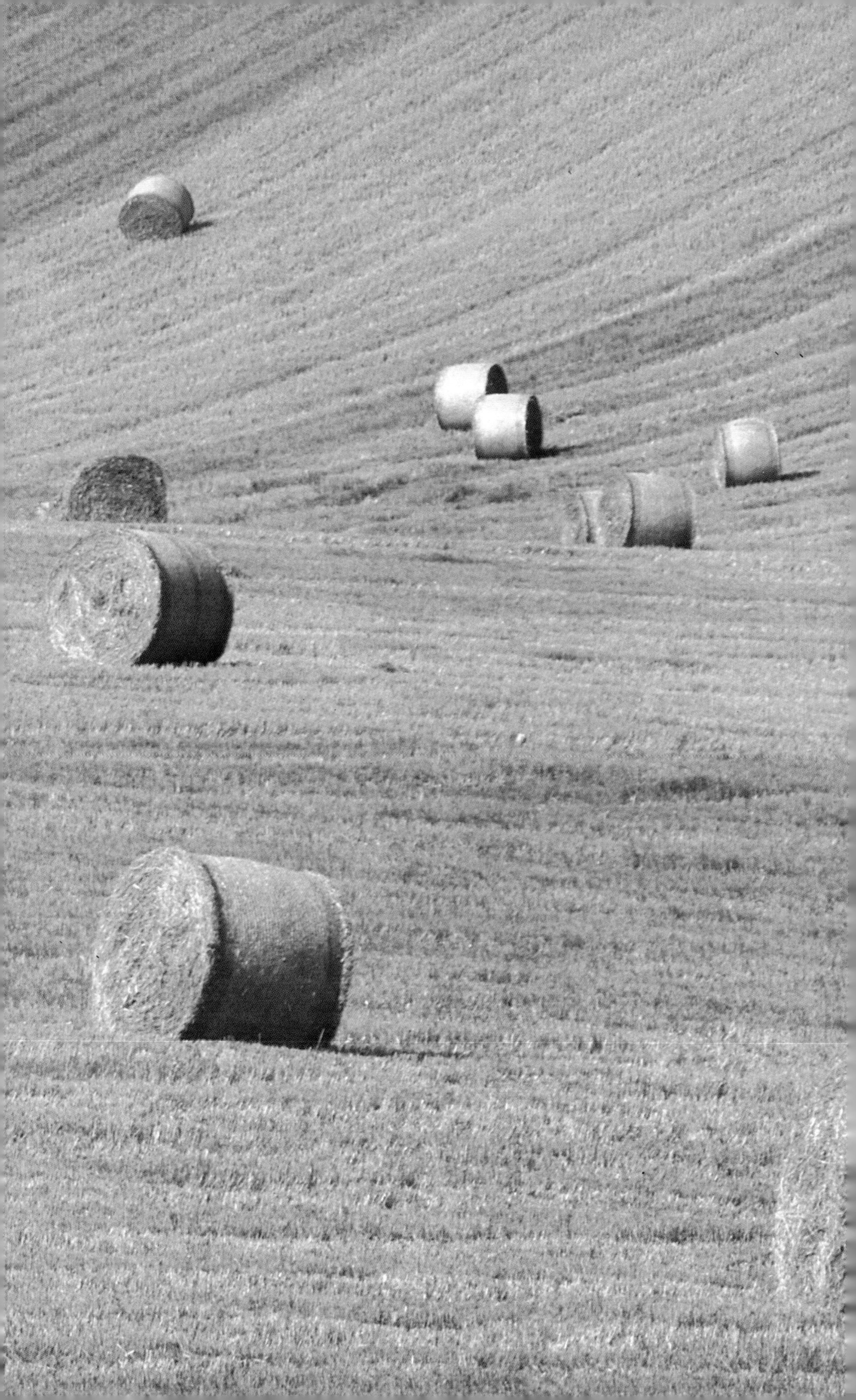

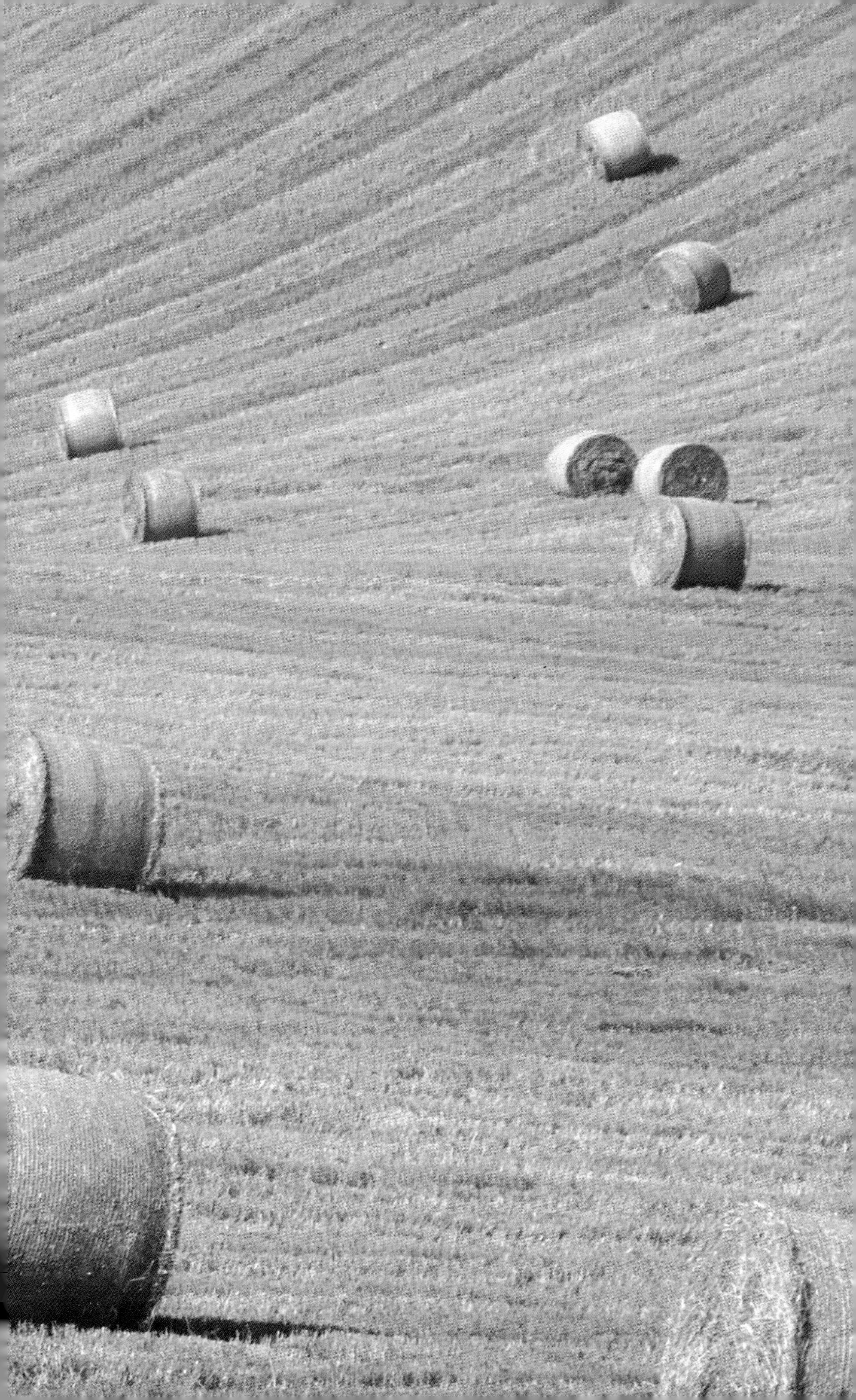

LE POINT DE NON-RETOUR

Parfois, nous embarquons dans de gros avions avec l'espérance de faire un prodigieux voyage. Ce soir, le couchant enflamme sur la Dordogne des fétus de lumière. Juste ce qu'il faut d'or pour marier un instant le jour et la nuit. Tout s'apaise. Le silence n'est troublé que par les trilles d'un rossignol caché dans les branches basses d'un peuplier où s'accroche le soleil rouge qui nimbe de poudroiements safran les noyeraies d'alentour. Il y a le haussement d'épaule de la colline où vient se poser le bleu de la nuit toute parfumée des senteurs du regain, et dans le calme crépusculaire ce clapotis léger de la rivière qui survivra à nos jours, continuant de battre doucement la mesure du temps dans ce pays donnant parfois l'illusion du Paradis. Que de beaux voyages on peut y faire !

Il existe ainsi des lieux, des moments privilégiés où le face-à-face avec un paysage nous révèle à nous-mêmes. Ce que nous y voyons, contemplons avec délice, est l'image la plus véridique de nous-mêmes, notre désir enfoui d'une certaine existence. C'est une révélation qui va bien plus loin que nos appétits de partance, bien au-delà du rêve bucolique de fermettes d'opérette avec barbecues. On est ébranlé à la pensée du décor frelaté qui est parfois celui de notre vie. Mais la révélation va beaucoup plus loin encore. Nous prenons soudain conscience que nous sommes ici et maintenant pour vivre en harmonie avec les beautés du monde ; et de telles visions, de tels instants sont là, chez nous, tout près, pour nous en convaincre. Il semble que ce ne soit pas un hasard si les plus tendres de ces paysages recèlent ici ou là quelques petits cimetières, non pas comme une ombre au tableau, car eux aussi sont exquis dans leurs murs biscornus, mais comme un clin d'œil complice du temps ; leur présence nous prépare doucement à toute fin, nous convainc de l'éminence de l'instant à saisir et de la fugacité du bonheur.

Voilà qui fera, sans doute bientôt, la fortune des régions qui sauront préserver de pareils paysages. Demain, ils seront un objet de consommation, et dans les décennies prochaines, deviendront les gisements d'une richesse encore insoupçonnable. Dans cette perspective, le Périgord a toutes ses chances... à la condition...

Sans doute, une fois encore, ne voyez-vous en moi que le vagabond sédentaire s'abandonnant avec candeur à ses tendances contemplatives, l'assoiffé de poésie vicinale soumis à son premier mouvement sans d'autres considérations que de scruter le ciel, respirer le vent, regarder jouer la lumière dans les plis des collines. Sans doute pensez-vous, une fois de plus, que je rêve, que je poétise ? Je vous rassure. Voici venu le moment où la poésie abdique, où la littérature frappée de vacuité s'efface devant la vie réelle et l'action. Et à qui rappeler la fragilité de tant de splendeurs, à qui destiner ces mots, ces phrases, ces éclats, ces craintes et ces espoirs qui, avouez-le, sont aussi parfois les vôtres, à qui adresser ces imprécations sinon à vous, nos élus ? Mais aussi à vous tous mes concitoyens d'ici ou d'ailleurs, qui partagez le même droit sacré du sol, qui sûrement, réconciliez dans mes phrases tout ce que vous avez toujours su, aimé et craint. Et voulu dire. Sans doute, la vie ne vous en a laissé ni le temps ni le loisir. Et puis tout cela semble si complexe ! Vous avez raison, complexe ! Il s'agit là de *politique*. Politique, un beau mot qui désigne l'action d'organiser le bien-être des hommes vivant en société, qui signifie la capacité de créer les conditions d'une vie harmonieuse, et pour cela suppose l'art de prévoir. Et nos élus sont élus pour ça ; ils ont là du beau blé à moudre.

Oui ! je vous vois d'ici, levant les yeux au ciel et miséricordieux m'absoudre du péché d'utopie. (*Outopos* qui, soit dit en passant, signifie littéralement *lieu du bonheur*.) « Mais ce type exagère ! » vous écriez-vous.

Oui, je les entends déjà ceux qui vont me traiter avec condescendance de rêveur, voire pire, de poète. Heureusement, je n'en souffre pas avec trop de rigueur, j'ai même la prétention d'en tirer quelque fierté. La longue marche des hommes vers une certaine idée du bonheur est jalonnée d'idées comme ça, trop simples ou trop folles avant qu'elles ne deviennent, un beau jour ou un grand soir, ou subrepticement, de bonnes grosses évidences sur lesquelles toutes les sociétés civilisées sont construites.

En matière de patrimoine, naturel ou archéologique, puisque c'est de cela dont il s'agit, c'est le temps qui paradoxalement est le plus grand danger. Le risque majeur, c'est qu'il soit un jour trop tard ! Les prédations commises au nom de priorités que le temps s'est empressé de rendre obsolètes sont malheureusement pléthores. Ainsi, une partie de notre littoral (méditerranéen principalement) fut détériorée sans espoir de réhabilitation. Partout des richesses archéologiques et architecturales furent sacrifiées, hélas souvent de bonne foi, au profit d'urgences et de spéculations modernistes vouées à vieillir bien vite. La gestion patrimoniale mal inspirée aboutit toujours à des points de non-retour dramatiques. Ne perdons pas de temps, prenons garde qu'il ne soit bien vite trop tard !

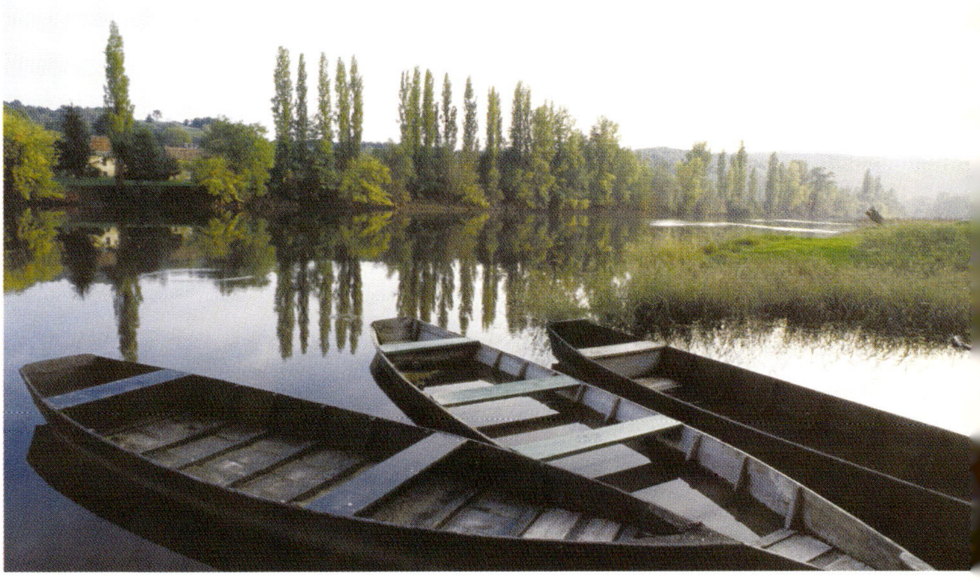

PAYSAGES, RÉGLEMENTATION ET SUBTILITÉ

Un jour, j'ai rencontré le maire de l'un de ces exquis petits villages qui émaillent les collines périgordines. Généralement, ils toisent un lacis de minuscules vallons où se condensent les mystères du bonheur. Juchées sur un ressaut de terrain, de belles vieilles maisons, coquettement restaurées, enserrent une église romane, couvent un bistrot, une épicerie de proximité et une boulangerie pour embaumer l'atmosphère. En somme, l'archétype de ces villages qui font aujourd'hui se lever des rêves de bonheurs simples, attisent chez nous de romantiques nostalgies et fascinent tant les étrangers. Peut-être parce qu'ils sont une spécificité française ? Peut-être parce qu'ils exhalent toujours cet irrésistible petit fumet provincial et campagnard qui, depuis deux siècles, parfume notre littérature dans ce qu'elle a de plus français et de plus universel. Et même si la vie n'est plus ce qu'elle y fut autrefois, ces bourgs ruraux conservent cette part d'authenticité restée vivace sous la modernité. Sans doute, aussi, sommes-nous sous l'influence esthétique de leurs architectures nées d'un génie des proportions et d'une sagesse artisanale dont nous avons perdu les secrets. À moins qu'ils ne touchent en nous quelque chose de plus profond ayant à voir avec l'âme.

Peut-être ne sont-ils qu'une vue de l'esprit, mais celui qui se perd dans leur contemplation sent s'épanouir en lui la conviction qu'ils sont sans doute le refuge ultime de

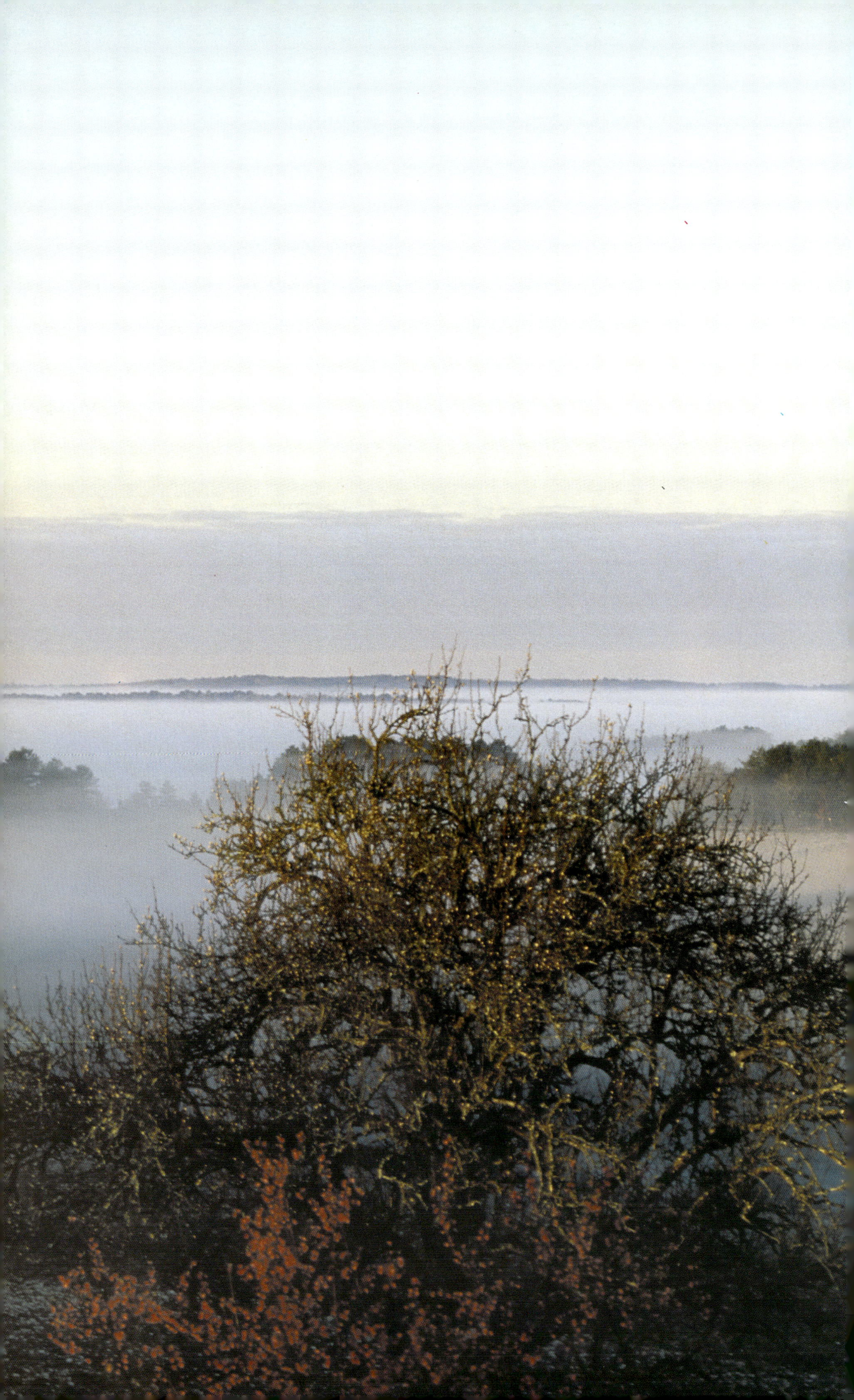

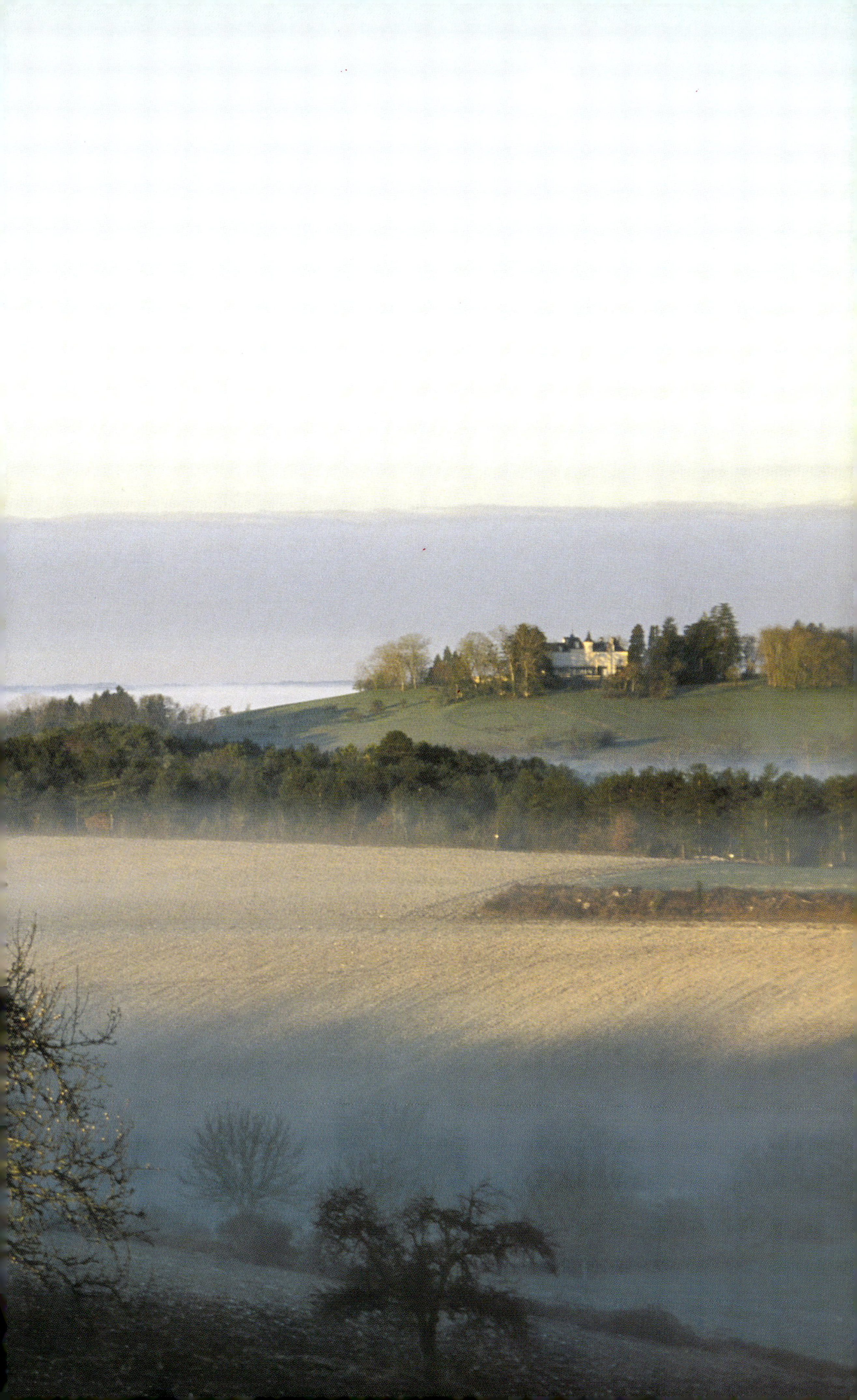

l'âme, le cadre d'un art de vivre et, lâchons le mot, d'une *Civilisation*.

Le maire de ce village est un maire heureux : la beauté naturelle de sa commune attire de nouveaux résidents et accroît le nombre de ses administrés au-delà de ses espérances. Cependant, il faut bien reconnaître que notre maire, sans manquer d'efficacité et de dévouement, n'y est pas pour grand chose. Cet engouement est principalement dû, comme on vient de le voir, à un paysage dans lequel on est heureux parce que sa sensualité naturelle apaise et réjouit, ce succès tient à la manière dont le village s'y blottit délicatement, harmonieusement. Ah, comme j'ai peur que ce maire trop gâté, un peu grisé, ne sache pas garder intact le patrimoine de beauté qui fait la fortune de sa commune ! Car c'est d'abord cette beauté qui attire, c'est d'abord grâce à elle qu'il est agréable d'habiter ici. Aura-t-il assez de clairvoyance, d'humilité pour en avoir vraiment conscience ? Peut-être !

« Voyez-vous, me disait-il, les gens choisissent ma commune pour son cadre champêtre, pour le charme des paysages. Ils viennent chez moi se faire construire pour "la vue" sur les collines. Ici on est encore à la campagne. »

Hélas, depuis quelques années les permis de construire sont accordés comme s'il en pleuvait et les jolies collines sont piquetées de désolants mas néo-périgordo-provençaux avec terrasse face à "la vue". Aujourd'hui, si le regard s'envole encore, il se pose sur d'autres collines où la forêt, les champs, les prairies, les landes sont désormais parsemés de pavillons de tout acabit, dans un ordonnancement anarchique qui rend la rêverie et la flânerie impossibles. Ce n'est plus vraiment la campagne. On est floué. Ce qui fut hier encore un beau village romanesque et romantique, au charme intemporel, confit dans sa douce humilité, le voilà qui mue insidieusement en une sorte de banlieue minable et vaniteuse d'où la poésie naturelle est à jamais bannie. Alors qu'en sera-t-il demain de cette si jolie petite commune où tant de gens espéraient trouver le cadre de leur bonheur ?

Le roman si pur de la petite église cohabite mal avec les grotesques élucubrations architecturales de la "si moderne" salle polyvalente. D'autant que la commune, devenue vite riche, s'est offert des "aménagements urbains" à la mode faisant un peu parvenu et des bleus à l'âme du vieux village qui savait compter avec le temps et tenait de lui son charme et son élégance.

Et voilà comment se métamorphose en faubourgs – en faux bourgs sans grâce ni saveur – comment se "banlieurisent" nos communes rurales qui ont la chance de voir leur population s'accroître. Nous sommes face à des circonstances et une situation qui semblent à bien des égards une récidive affligeante de celles que connurent les périphéries des grandes cités dans les années 60/70 : un urbanisme d'opportunité qui sera bien vite prescrit par l'usage, comme l'est celui des banlieues dont on s'efforce aujourd'hui de détruire les tours et les "barres", s'apercevant qu'elles sont un obstacle au bonheur des hommes.

Avec un luxe de précautions oratoires, j'ai fait part de mes réflexions au *maire heureux*. Avec un apitoiement amical et condescendant, il me rétorqua, derechef, impératifs économiques, rentrées fiscales, école, maison de retraite, poids politique et beaucoup d'autres choses encore, toutes bonnes raisons, et des meilleures qui soient. « Et puis voyez-vous, cher monsieur, ma commune ne compte plus que trois agriculteurs et beaucoup de parcelles sont en friche, alors ne vaut-il pas mieux lotir ? » Sur la déprise agricole, je ne peux hélas qu'agréer son constat, j'y reviendrai plus loin ; sur ses solutions, je suis plus nuancé, et ne le suivrai pas n'importe où, ni n'importe comment.

Je ne doutais pas que mon élu soit l'un de ces hommes de bonne volonté, comme la plupart de ses prédécesseurs qui, vivant avec leur temps, pressés quotidiennement par les contingences et persuadés de bien faire (investis d'une mission soumise aux règles sévères d'un genre qui produit toujours une impression mêlée d'espérance et de frustration à l'égard de ce que l'on croit laisser échapper), abandonnèrent à la pioche des merveilles architecturales, lotirent des sites qui auraient été sans doute aujourd'hui classés et protégés.

Et c'est ainsi que telle ligne de crête, où les soleils couchants allumaient des feux de joie avec la démesure dont ils sont capables, fut dénaturée par l'essaim de minuscules bicoques d'un lotissement "si judicieusement situé", ainsi que les courbes si tendres et pleines de mystère de telle combe furent déflorées par une "si belle villa", que tel panorama qui proposait sur des kilomètres de campagne les variations infinies de la beauté du monde fut outragé par une seule construction "si originale" placée au *beau milieu*. Cette beauté assassinée, ces paysages dénaturés, mités, pollués, hier encore un régal pour les yeux et l'âme, demain irradieront la laideur, risqueront de distiller cet ennui qui n'appelle d'autre fuite que la désespérance, d'autres divertissements que la violence.

Pourtant, depuis Prosper Mérimée et Sully Prudhomme, premiers hommes d'État à prendre concrètement conscience de l'intérêt de la protection du patrimoine pour les nations et les hommes, la législation se fait plus pressante, plus contraignante, plus précise. Quitte à bousculer une certaine idée de la liberté, quitte même à toucher à la notion de propriété privée au nom de l'intérêt public. Les dispositions législatives qui vont se succéder jusqu'à aujourd'hui ne sont qu'une suite de limitations du droit de propriété. Néanmoins, en ce qui concerne le patrimoine archéologique, ces dispositions sont souvent assorties de contreparties de la part des pouvoirs publics (Aides à l'entretien et à la restauration de biens classés ou inscrits). Et dans ce domaine les choses évoluent dans le bon sens.

Mais dès qu'il s'agit de sites et d'espaces naturels, la notion de classement et de protection devient plus confuse, plus spécieuse et néanmoins plus contraignante encore dans ses applications. S'il fut relativement facile en milieu urbain de définir la notion de secteur sauvegardé (loi Malraux), autant en zone rurale la situation est plus complexe, plus subtile. Alors le législateur se fait prudent, le classement et la protection de vastes étendues naturelles sont rares ou pondérés à l'extrême. La liberté et les droits du propriétaire d'abord, des collectivités territoriales ensuite, peuvent être fondamentalement remis en cause.

L'UNESCO a retenu la notion de paysage culturel, étayée sur le résultat de l'ouvrage combiné de la nature et de l'homme. Les réflexions menées dans ce domaine ont conduit à prendre en compte le petit patrimoine immobilier comme élément indissociable d'un paysage longuement et laborieusement façonné par les hommes et l'histoire. Nous sommes là au cœur de notre propos.

Cependant, au-delà de certaines dispositions bienvenues, comme le périmètre de protection autour des monuments et des sites classés, c'est le P.L.U. (Plan local d'urbanisation) qui fait loi. Il confère aux conseils municipaux la liberté (presque totale après avis technique de la D.D.E.) de décider des zones constructibles sur le territoire de la commune, au risque dans certains cas de détruire l'harmonie du paysage par une urbanisation sans grâce et sans caractère ou un mitage intempestif. C'est ainsi, que sous couvert de progrès (qui a bon dos), de développement économique et de croissance démographique, parfois par complaisance ou pour satisfaire la cupidité ou l'ambition de quelques-uns, nombre de paysages furent irrémédiablement sacrifiés au détriment de tous (voir en particulier le désastre produit sur les côtes françaises avant que n'intervienne le Conservatoire du littoral).

Sur tout le territoire, une multitude de petits villages qui s'inscrivaient dans leur environnement comme un effet de l'art ont perdu en quelques années beaucoup de leur séduction. Il aura suffi parfois d'un bâtiment informe, d'un lotissement ou d'une zone d'activité industrielle ou artisanale malencontreusement implantés dans l'axe de la perspective la plus charmeuse, là où précisément un champ, un bosquet ou une prairie avec toutes ses fleurs à hauteur des yeux, était l'un des éléments essentiels du décor, la toile de fond qui exaltait la beauté du village.

Sans doute est-il complexe d'inscrire dans la loi des considérations et des appréciations aussi subtiles. Je vous accorde que l'arbitrage de semblables décisions suppose infiniment de délicatesse d'esprit et un goût très sûr qui ne sont pas à la portée de tout le monde. Il est si difficile pour un maire, quand l'urgence et les attentes légitimes de ses administrés ne considèrent que la performance quantitative immédiate, de percevoir qu'à terme il risque d'hypothéquer l'équilibre esthétique du cadre de vie. Et l'on sait aujourd'hui à quel point le cadre de vie participe de la joie de vivre.

Alors, pourquoi ne pas imaginer et généraliser à chaque région – à l'image des architectes des Bâtiments de France – un corps de professionnels spécialisés, un corps de savants en science du paysage : *des conservateurs des Paysages de France*, sorte de praticiens experts en paysage, de plasticiens du paysage qui seraient au service de nos élus à qui l'on ne peut reprocher non plus de ne pas posséder toutes les compétences. Ces gardiens du paysage, investis de la même autorité que celle accordée aux architectes des Bâtiments de France, devraient être systématiquement consultés avant toutes décisions touchant à la géomorphologie.

Aujourd'hui, on continue à mettre à bas les alignements d'arbres majestueux, platanes, ormeaux ou peupliers, qui ombragent certaines de nos routes. Voulus par Sully, ils sont encore l'une des composantes originales du paysage français. Beaucoup de ces plantations, dans les années soixante-dix, furent condamnées, sans doute hâtivement, au nom de la sécurité. Georges Pompidou, qui aimait l'art, la poésie et les paysages, les a défendus et sauvés d'un abattage total. On sait désormais que pour éviter tout risque, ces alignements doivent être implantés et entretenus selon des techniques précises qui supposent des professionnalismes nouveaux.

Et je ne vous ai pas parlé de ces armées de pylônes E.D.F. "toureffféliques" qui investissent les campagnes, barrent les horizons, abreuvent nos sillons de fils impurs au nom du progrès et du confort, mais en réalité à seule fin d'économies mal placées.

A voir à quelle rapidité notre environnement paysager se dégrade, à voir les difficultés des décideurs et des aménageurs à appréhender la situation, à voir l'apathie, la cécité ou l'inconséquence de certains d'entre eux, il y a urgence. Il faut vite en appeler au courage politique ! Je sais qu'à ce stade, je pose la question de la laideur et de la beauté, d'aucuns diront du progrès et de la réaction. Question redoutable, question politique s'il en est, appelant chaque fois une réponse nouvelle. De tout temps, les gouvernants les plus éclairés et les penseurs les mieux intentionnés s'y sont déchirés. Alors retrouvons-nous en considérant que *la seule querelle et le seul combat qui vaillent c'est l'Homme*, et n'oublions pas que si les hommes ont besoin de confort, de sécurité, de convivialité, ils ont également besoin de beauté pour le bien-être de leur âme.

La beauté n'est-elle pas le confort de l'âme ?

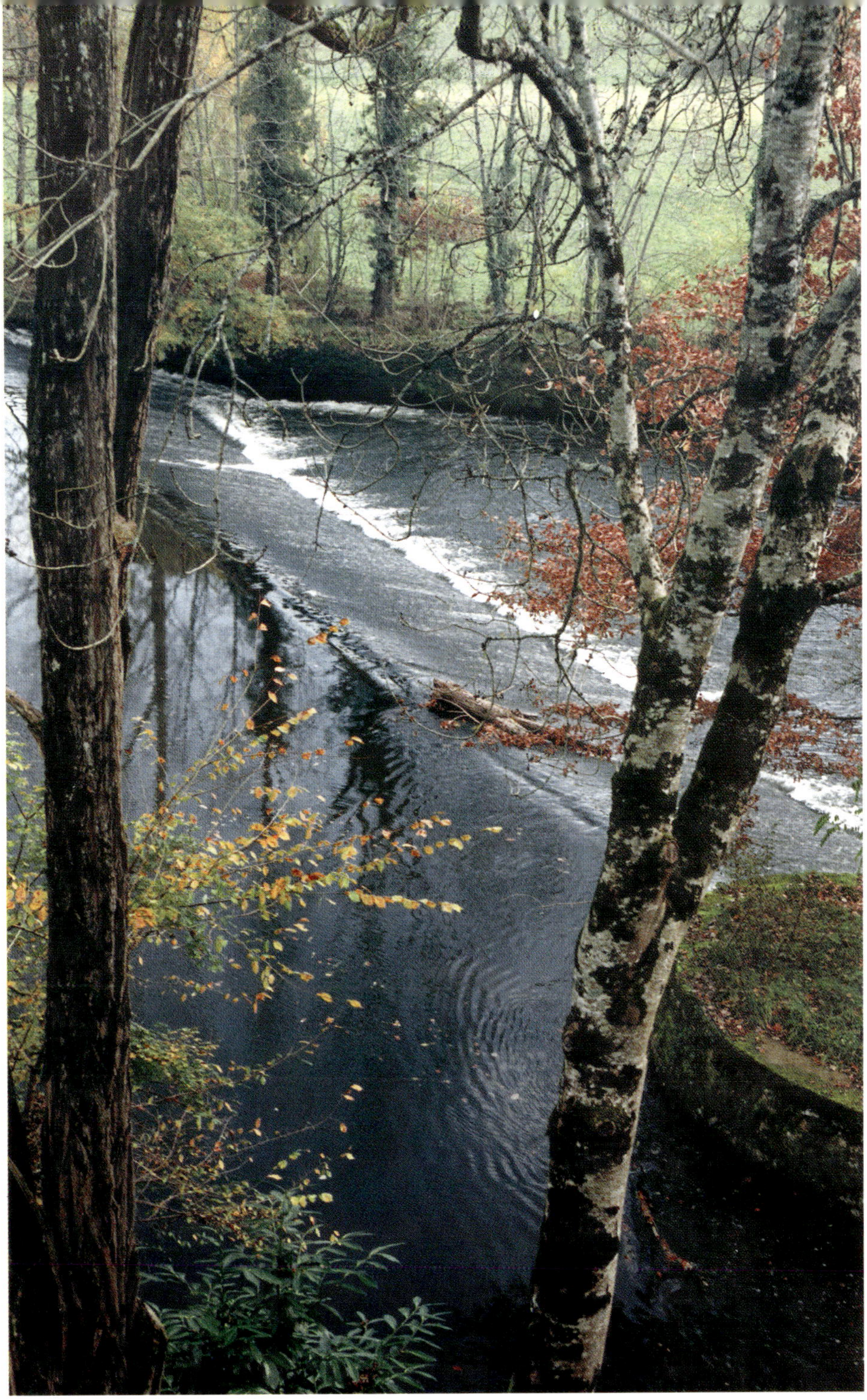

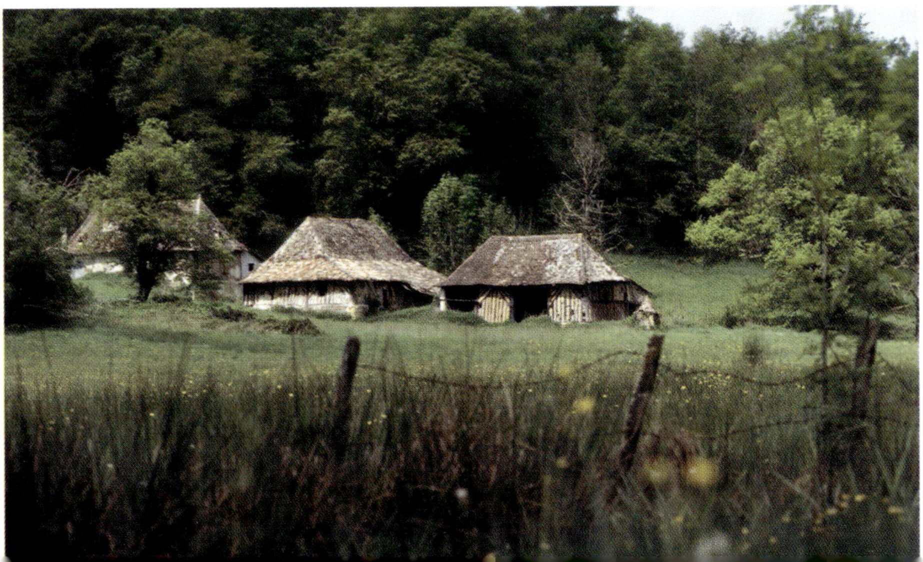

PAYSAGES ET PAYSANS

La sensualité singulière et la séduction de nos paysages tiennent d'abord à ce qu'ils furent et sont toujours modelés par l'agriculture. C'est elle qui au fil des temps a laborieusement dessiné, organisé, ordonné, marié, façonné cette mosaïque de champs, de pâtures, de landes et de bois. C'est par cette fabuleuse palette de couleurs, de figures, de mouvances que nous sommes attirés, séduits. Elle berce en nous la nostalgie d'une vieille mémoire terrienne. Nos regards en attendent que les prairies frémissent comme pelages sous la brise, que les labours, bruns, rouges ou noirs alignent inlassablement leurs sillons, fument de cette ineffable blancheur des brumes qu'ils soulèvent, que les blés ondoient comme houle, mûrissent et s'allument en flammes d'or crépitantes de tous leurs épis, que les forêts posent, ici ou là, juste ce qu'il faut de mystère à l'imagination. Notre âme veut y trouver cette harmonie apaisante, à la fois familière et indicible, immuable et changeante de saison en saison. Quelque chose de très enfoui en nous est touché qui recompose notre propre mosaïque intérieure, quelque chose de très lointain, d'inscrit dans nos gènes, qui a trait à notre hérédité paysanne, à une connivence atavique, à l'essence même de notre identité. À une *civilisation*.

Jusqu'à l'orée du siècle dernier, une majorité de nos ancêtres étaient encore paysans. Paysans depuis le néolithique. Paysans et toujours fiers de l'être, même si, chez ceux qui avaient flanqué leurs grosses fermes d'une tour d'angle, installé un piano dans la grand-pièce ou planté un cèdre du Liban devant la porte, on préférait se dire "terriens".

Quoi qu'il en soit, les uns et les autres vivaient de la terre et pour la terre. Ils formaient avec elle un de ces couples infernaux, tourmentés par une passion farouche et irrépressible. Elle, dans le rôle de la garce superbe et abusive, auréolait les plus forts d'une gloire jalousée, se faisait ogresse et dévorait les plus faibles ou les courbait en vieillards cassés, penchés sur elle dans une atroce révérence. Eux, soumis à ses caprices les plus ingrats, prévenant ses désirs, s'extasiant à la moindre de ses faveurs, la besognaient inlassablement, buttés dans cette obscure obstination paysanne, la fécondaient copieusement à coups de reins, de coutres et de socs.

Ils voulaient et croyaient la posséder, c'était elle qui les possédait corps et âme. Mais c'était leur amour qui la rendait si belle.

En ce temps-là, il existait encore deux communautés distinctes : les gens des villes et les paysans. Les premiers, déjà victimes de l'hybridation des mœurs qui nivelle et affadit ; les seconds, survivants de la plus vieille civilisation du monde qui unissait l'homme, la bête, l'arbre et la terre pour le meilleur et pour le pire. Pacte originel de la sève et du sang.

Ce clivage était, à l'époque, bien plus profond qu'une simple répartition sociologique entre urbains et ruraux. La paysannerie constituait alors une société à part avec sa culture propre, ses modes de pensée, ses rites. Beaucoup plus qu'une classe sociale, elle possédait toutes les caractéristiques définissant un peuple. Je veux dire tout ce que cela suppose de singularités physiques, d'intelligence, de noblesse, mais aussi d'âpreté, de cruauté, d'orgueil, enfin tout ce qu'il faut pour assurer la survie de l'espèce.

On a beau dire, on a beau faire, on n'échappe pas à pareille hérédité. Hérédité commune à la plupart des hommes, hérédité universelle.

Nous devons aux paysans l'harmonie, l'ordonnancement, la sensualité de nos paysages qui constituent à la fois l'une des composantes les plus précieuses de notre

" ... Quelque chose de très enfoui en nous est touché qui recompose notre propre mosaïque intérieure, quelque chose de très lointain, d'inscrit dans nos gènes, qui a trait à notre hérédité paysanne, à une connivence atavique, à l'essence même de notre identité. À une civilisation."

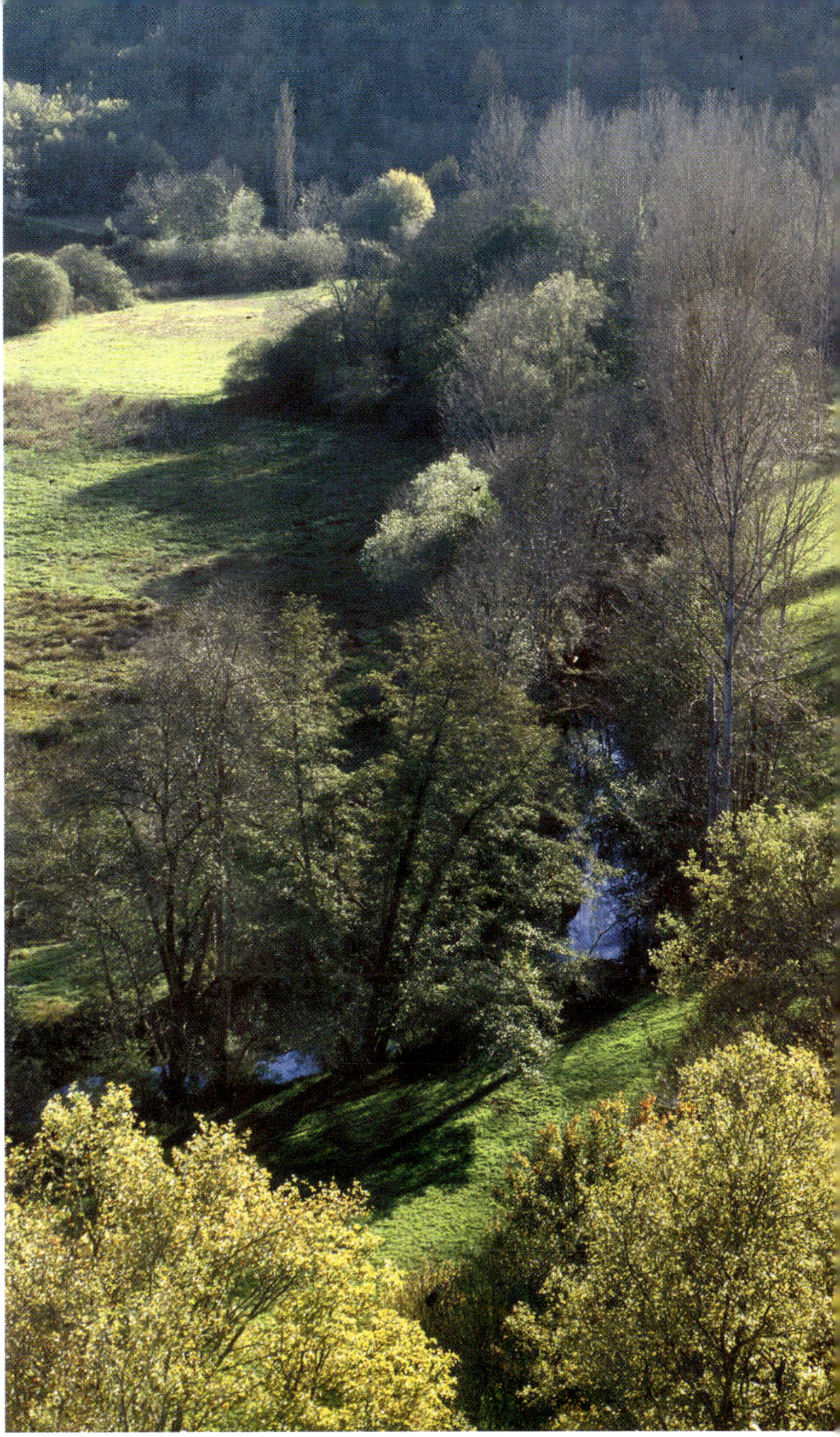

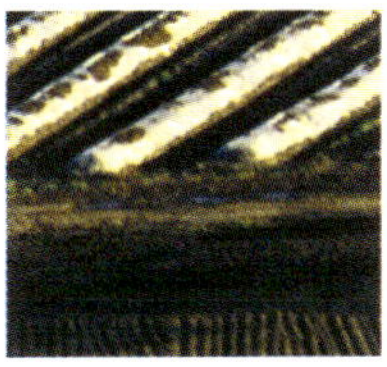

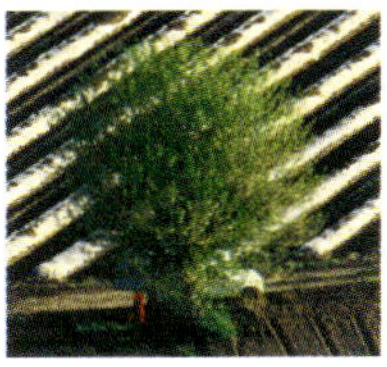

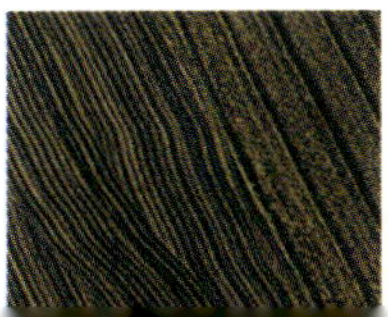

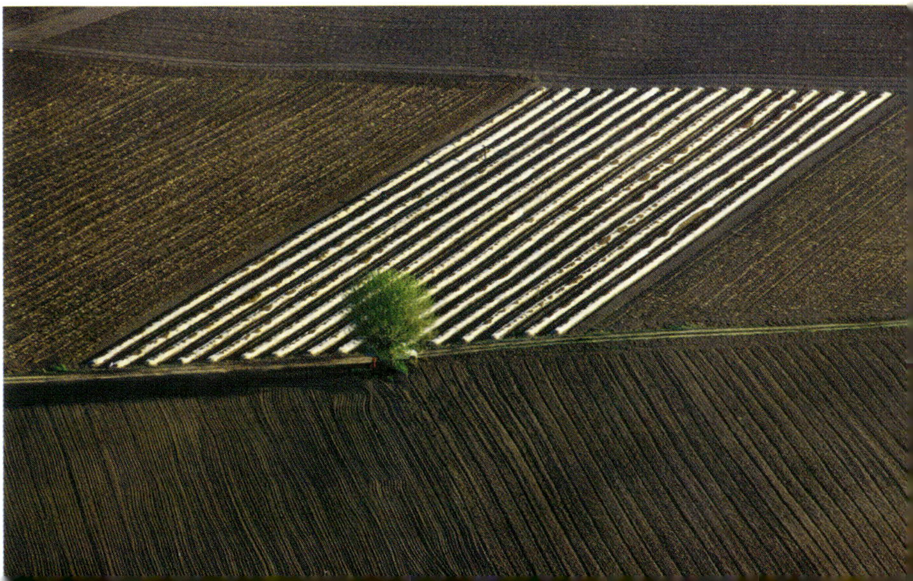

patrimoine et l'essence de notre identité. Leur métier fut depuis toujours d'assurer la survie des hommes en connivence avec la nature. De tous les métiers, c'est celui, précisément, qui a le plus affaire avec la nature, qui tente prudemment de la domestiquer, qui la pousse de ce côté-ci plutôt que de celui-là ; c'est la force cordiale et complice de l'homme *qui taille librement sa part dans les vergers de Dieu*. Et quand l'homme en eut assez de courir après ses proies, de leur disputer ses fruits de branche en branche, eh bien, il les a fait pousser ses fruits, tout près de chez lui, et bien plus gros que les sauvages. Et l'homme en tira sa fierté et sa joie. C'est sur ces orgueils et ces bonheurs que se sont constituées les civilisations.

*

Depuis cinquante ans, des bataillons de technocrates n'ont eu de cesse de remettre en cause ce pacte millénaire. Alors, sans vergogne, bouffis de suffisance, au risque de dénaturer la belle idée européenne, avec une légèreté assassine ils ont programmé la fin des paysans dans l'indifférence générale.

Rappelons-nous pourtant qu'après la guerre de 39-45, en France, pays agricole s'il en est, on frôla la pénurie alimentaire. Dans les villes, des gens eurent faim ! Alors, on encouragea les paysans à produire, à accroître les rendements. Alors disparurent les trop petites exploitations – elles étaient encore nombreuses à ne pas dépasser dix hectares. C'était logique et inéluctable. La mécanisation, les semences sélectionnées, les engrais et les fongicides firent des miracles de productivité. En Périgord, le rendement passa parfois de 30 à 70 quintaux de blé à l'hectare. Mais, bien vite, le processus s'emballa et généra de funestes effets pervers : surproduction, effondrement des cours et augmentation des coûts de production. La paysannerie s'endetta, se découragea, se désespéra. Sans doute, est-il difficile à la bureaucratie des eurocrates, si intelligents et si savants soient-ils, de mettre la nature en coupe réglée, de la gouverner à coup de théories algébriques jusqu'à l'abstraction !

De tout temps, le métier de paysan ne fut pas à la portée du premier venu, du moins de ceux qui ignorent tout de la navigation dans la houle des collines avec les quatre saisons pour uniques points cardinaux, livré sans recours à la pluie, à la boue, aux brûlures du soleil, à la nuit, à la solitude, seul maître à bord, épié de toutes parts par des monstres, ni plus ni moins monstrueux que soi-même, quand le calibre douze à la tête du lit n'est plus d'aucun secours et qu'il faut puiser dans ses réserves d'âme. L'agriculture a une dimension héroïque. Il faut au paysan un instinct capable de décoder les décrets cosmiques, beaucoup d'audace et de force pour oser se colleter avec les éléments ; c'est-à-dire une finesse et une ardeur qui le rapprochent des dieux comme les héros grecs. L'éden campagnard n'existe pas. D'ailleurs, on ne devient pas paysan : on naît paysan. C'est si vrai, que l'homme des villes qui entreprend, même de nos jours, de le devenir, s'aperçoit qu'il est d'une espèce inadaptée. La plupart y perdent bien vite veaux, vaches, cochons et illusions. Nombreux furent dans ce cas, après le fantasme soixante-huitard du retour à la terre.

Depuis quelques années, les conditions faites à la paysannerie furent si néfastes que l'exode rural prit des proportions dramatiques à bien des égards, désertifiant les campagnes, asséchant *une civilisation rurale* où s'enfonçaient les racines de notre identité.

Si la politique agricole européenne fit un temps naître l'espoir, celui-ci se dilua bien vite dans les arcanes de dispositions contradictoires. D'abord, on encouragea la productivité à tout prix, l'élevage industriel – qui nous valurent des pollutions de l'environnement, les poulets aux hormones, les veaux en batteries et les vaches folles – on décréta un remembrement drastique qui supposa l'arrachage des haies, le comblement des fossés, l'arasement des talus, provoquant dans certaines régions bocagères une catastrophe écologique. On imagina même les cultures hors-sol. Et puis, retournement complet, ce fut la guerre aux excédents, la pénalisation des agriculteurs trop productifs et l'instauration des quotas. Une affligeante politique de gribouille qui aboutit en France à l'abattage de trois millions de vaches laitières. Pire encore : alors que la faim tarabuste tant d'hommes de par le monde, le "gel" de sept millions d'hectares de bonnes terres fut imposé, au grand soulagement des États-Unis qui voyaient d'un très mauvais œil la puissance agricole européenne s'affirmer. Quand la pénurie alimentaire affecte plus de la moitié de la planète, la maîtrise de la production agricole est un enjeu de pouvoir considérable, probablement plus déterminant à terme que celui de la production pétrolière, par exemple. Ne sommes-nous pas, imperceptiblement, en train de nous soumettre à la domination agricole des États-Unis ?

Et pendant ce temps, chez nous, l'une des plus belles, des plus anciennes et des plus fécondes agricultures est en perdition ; celle-là même dont les productions, d'une diversité étonnante née des terroirs et des traditions, restent les plus raffinées et les plus prestigieuses, participent de la gloire universelle de notre gastronomie.

Et qu'adviendra-t-il demain de l'organisation de notre environnement naturel, de la douceur de nos paysages s'il n'y a plus de paysans pour en assurer la conservation ; si demain les paysans ne sont plus assez nombreux pour disputer la terre aux ronces, aux buissons noirs, à la nuit des résineux, si les prairies ne sont plus fauchées ni pâturées, les terres plus labourées et emblavées, les bois plus entretenus ? On s'enfoncera dans une jungle hostile. C'est une évidence que la campagne a besoin d'entretien pour éviter que les friches et les broussailles n'envahissent les terres incultes. Faute de quoi, au-delà de la sauvegarde du patrimoine et du développement touristique, et à l'instar de certains univers urbains bétonnés et bitumés sans conscience, le milieu rural sera à son tour déshumanisé, c'est-à-dire rendu à un état sauvage, primitif, toujours prompt à revenir au galop.

Pour sauver cet indispensable équilibre naturel, doit-on imaginer de recruter un jour des fonctionnaires destinés à assurer l'entretien de notre environnement rural, alors que le paysan l'assure d'instinct en faisant produire sa terre ? Ne faut-il pas au contraire faire des agriculteurs les acteurs essentiels de la défense de l'environnement ? Il y aurait là de quoi remotiver nombre d'entre eux dans les zones rurales fragiles, de quoi endiguer le déclin de leur profession en stimulant de nouvelles activités liées précisément à l'environnement : valorisation paysagère, entretien et gestion rationnelle des massifs boisés en privilégiant les espèces autochtones de feuillus au détriment des résineux qui dénaturent nos forêts, nettoiement des berges des cours d'eau, réhabilitation des chemins pour les randonneurs, etc. Il y aurait aussi matière à stimuler une complémentarité tourisme agriculture : productions traditionnelles et naturelles des "pays", développement des prestations liées au tourisme vert, à l'agri-tourisme et à l'agri-gastronomie : fermes *découverte*, fermes auberges, gîtes, chambres d'hôtes, séjours culinaires, etc. Préservons nos spécificités, nos productions et les savoir-faire anciens de nos terroirs qui n'en ont pas fini de faire rêver les consommateurs. "Renaturons" l'agriculture et produisons chez nous des produits de chez nous à la mode de chez nous. Appellations contrôlées, origines protégées et labels sont faits pour ça. Ces valeurs ajoutées sont une mine à exploiter pour que demain il y ait de jeunes agriculteurs, de jeunes artisans et que vivent nos campagnes et nos villages. Dans une société de plus en plus multi-culturelle, en quête de repères et de solidarités, le village n'est-il pas un lieu privilégié d'intégration sociale ?

Voilà sans doute de quoi réanimer des espaces ruraux que guette la déshérence, véritable désastre économique, humain et culturel.

Même si je ne propose là qu'une simple réflexion de bon sens, même si je n'évoque que l'esquisse de solutions possibles, nous voilà néanmoins loin des rêves de la contemplation poétique. Et de grâce, ne flairez pas dans mon discours une douteuse idéologie de la terre ou un quelconque médiévisme écologique, ou la quête d'un prétendu Paradis perdu. À bien me lire, vous trouverez l'objection à vos craintes. Je vous le redis, mon but n'est pas de réveiller les échos de l'Âge d'Or, certes non ! Je sais trop ce qu'il en fut souvent du "bon vieux temps". Mais je sais aussi que les prospectives les plus audacieuses ne se conçoivent qu'à partir des prédestinations naturelles.

*

Aucune autre région, c'est l'originalité du Périgord actuel, n'est à ce point propre à intimer à la fois un sentiment d'éternité et de précarité, d'apaisement et d'urgence ; nulle autre peut-être n'est capable de nourrir l'intuition d'être en présence d'un territoire accroché sur un versant caché du temps, beau au-delà des limites du regard, riche de promesses encore insoupçonnables, et qu'il faut sauver sous peine de perdre une part d'humanité dont le monde porterait infiniment le deuil.

Plus prosaïquement, il faut sauver cette ruralité *à la française* où s'enracine notre identité. Une identité spécifique et non exclusive, essentielle, indispensable, vitale, car elle participe indubitablement de l'universel. Elle est le fondement de la notoriété et de l'image de notre pays, de son rayonnement culturel, de son attrait et de son formidable succès touristique. Puissent les aménageurs du territoire en être persuadés, puissions-nous, avec eux, être nombreux à y croire avec intelligence et ferveur.

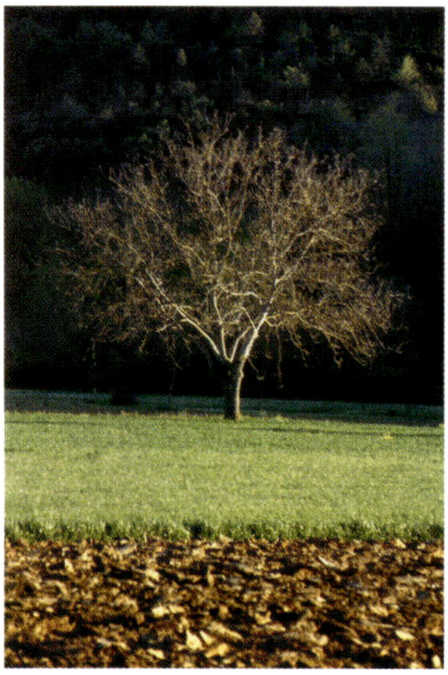

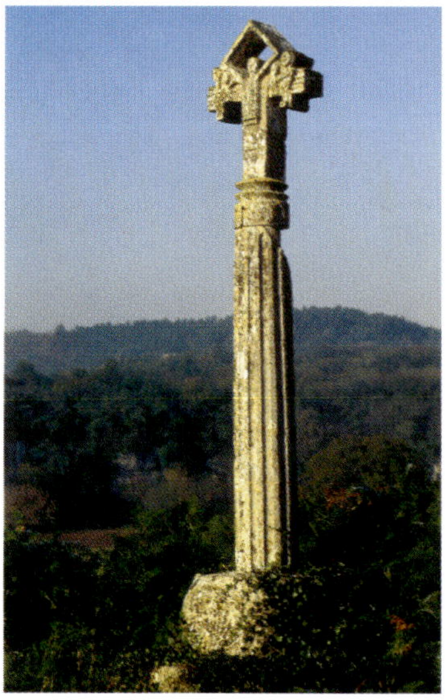

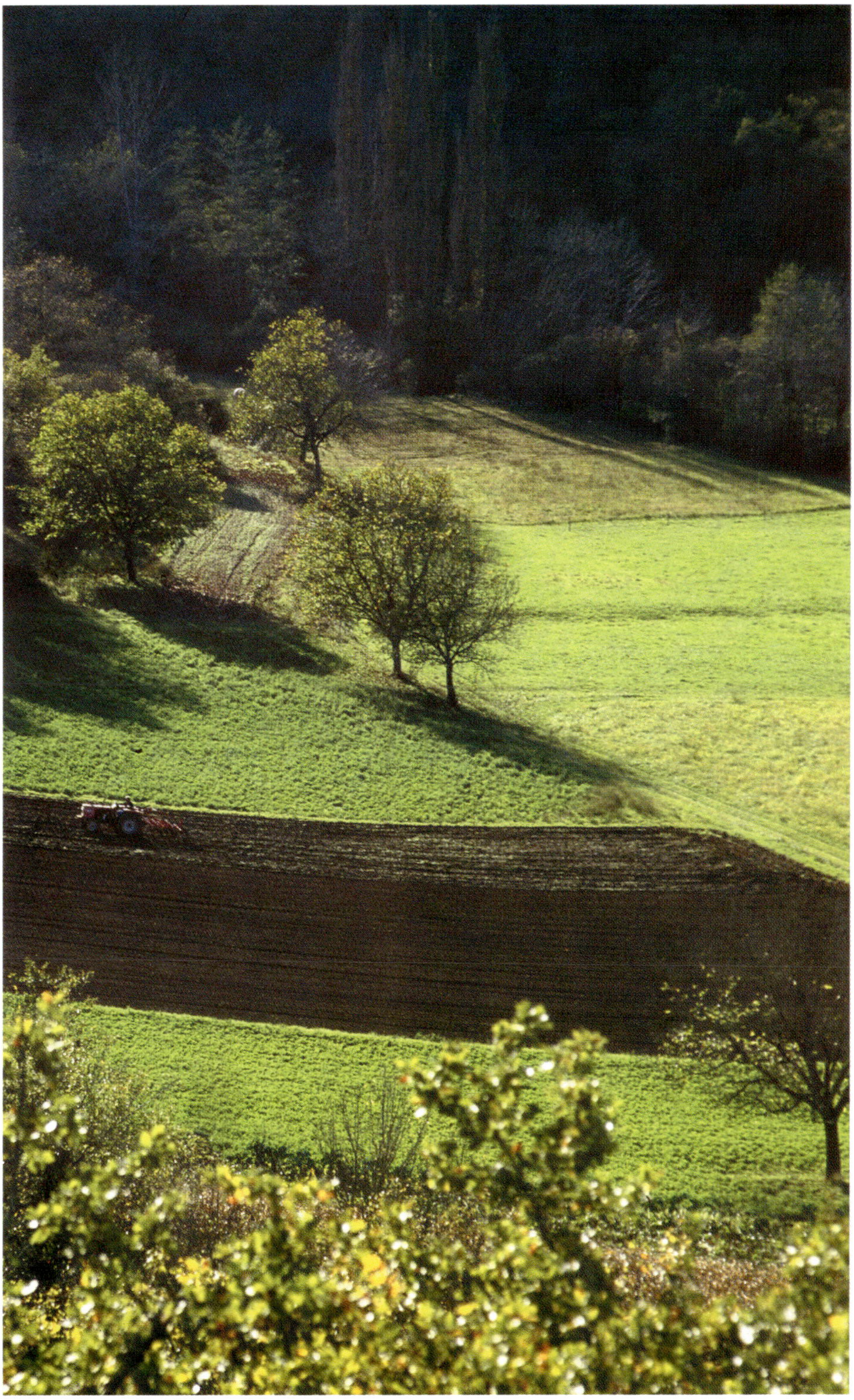

PAYSAGES ET ARCHITECTURE

Je vais me répéter : si nos paysages sont ce qu'ils sont, à la fois témoins d'une civilisation, expression d'une culture et cadre inspiré d'un art de vivre, c'est qu'ils sont l'aboutissement, pour le moins, de mille ans d'humanisation. Rares sont les topographies à ce point pénétrées, imprégnées par l'homme. Mille ans de corps à corps avec une terre belle et cabocharde, mille ans de connivence, d'habileté, de savoir-faire et de savoir-être. Mille ans d'amour.

Le plus étonnant chez nous, c'est l'osmose parfaite du milieu naturel et du bâti traditionnel. Les fermes, les granges, les étables, les bergeries, les pigeonniers, les fours, les puits et les lavoirs, les moulins et les bories, et bien sûr nos églises et nos mille et un châteaux, gentilhommières, maisons nobles ou tournebrides sont des éléments constitutifs du charme de nos paysages. Et comme un bonheur n'y arrive jamais seul, les villages, souvent réduits à leur plus simple expression, la plus spontanée, y sont d'une beauté bouleversante. Une église romane couverte de lauzes, un château ou ce qui en tient lieu, c'est-à-dire une très vieille et très majestueuse bâtisse à qui l'Histoire laissa des balafres très suggestives, la courbure d'un vieux pont, quelques maisons enchevêtrées enserrant des jardins de curé foisonnants de fleurs oubliées, ouverts aux saisons et aux petits oiseaux voleurs de baies. Et derrière la dernière grange, le clapotis des prés, le glapissement

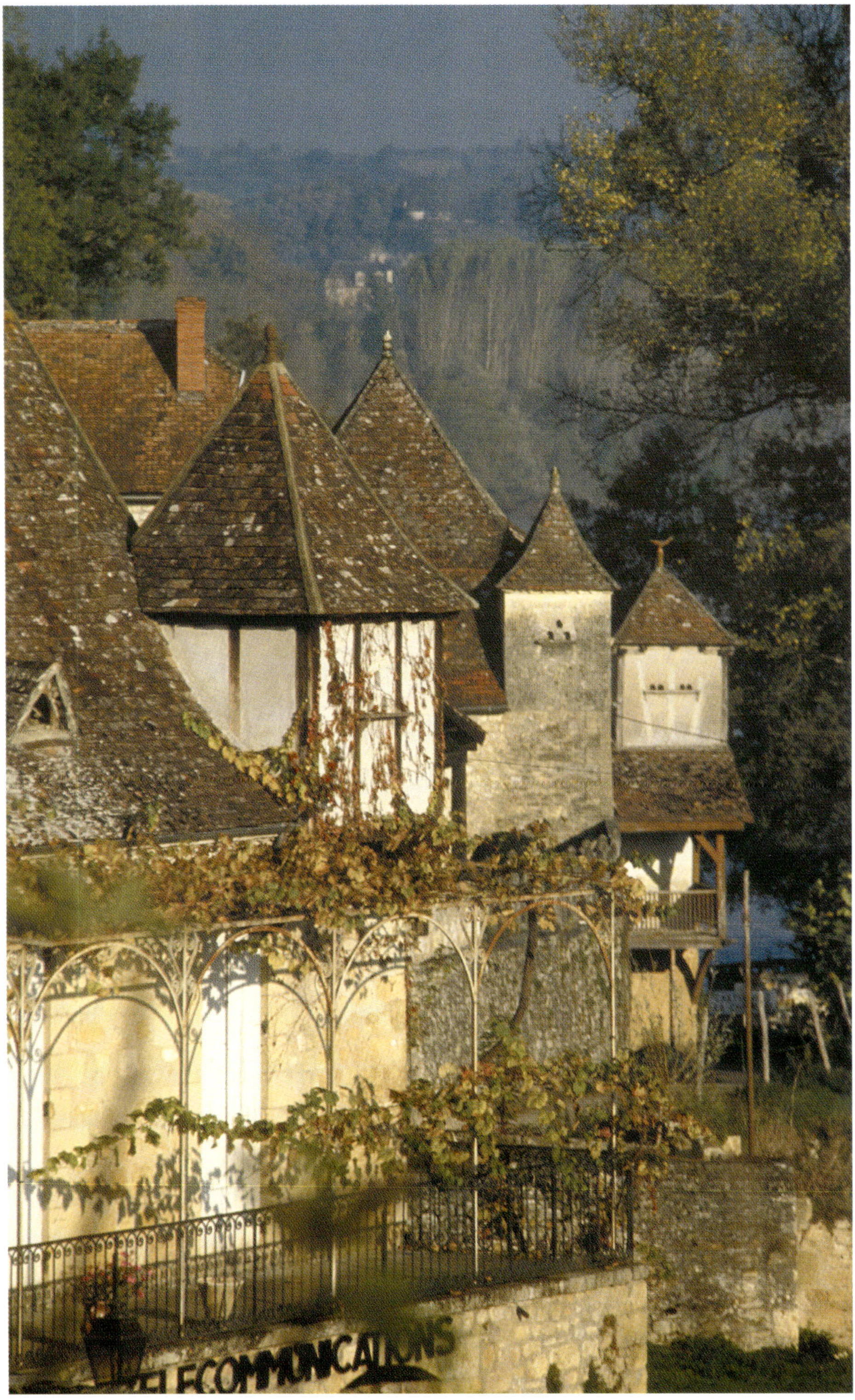

feutré des renards, puis, jusqu'à l'horizon, le moutonnement des bois à champignons.

Ces villages sont de vieux villages portant des jolis noms qui en disent long. La plupart ont été construits sur les débris d'un temple gaulois ou d'une villa romaine, parfois sur le sarcophage d'un saint ermite, ou prétendu tel – peut-être n'était-il que demi-saint ou presque-saint. Mais ici, au creux de ces collines reculées, sans doute n'avait-on pas les moyens d'être difficile. La légende et les prières firent le reste. Alors, en dévotion pour ce saint arrivé, comme on dit, *par la petite porte*, on a construit un petit sanctuaire où les gens prirent l'habitude de venir s'agenouiller. On aménagea autour quelques commodités, comme de canaliser et d'enfermer les sources dans d'exquis édicules en forme de tabernacle. Et voilà le pèlerin s'abreuvant d'eau lustrale, et voilà la source devenue fontaine miraculeuse, miraculeusement belle ! C'est ainsi, du moins en gros, que naquirent ces villages.

*

Et ce pays est plein de ces villages dont je ne suis pas seul à faire mes délices. Aujourd'hui, ils semblent se rapetisser, chercher à passer inaperçus. On pourrait croire qu'ils manquent d'ambition alors qu'ils sont tout simplement secrets, blottis dans des vallons recueillis devant tant de beauté. Vieux villages aux vieilles maisons de vieilles pierres burinées par le temps et les autans, balafrées par l'Histoire et polies par la longue fidélité des hommes, suintant de toutes les vies qui s'y sont écoulées. Ils sont d'inépuisables réserves de rêveries avec leurs petites chapelles paysannes pour célébrer un bon Dieu à hauteur d'homme et faire se lever des songes de Noëls blancs, de messes de minuit lumineuses et douillettes, toutes capitonnées de neige. Rêveries fabuleuses de romanesque avec leurs châteaux campagnards qui exhibent encore archères et mâchicoulis pour témoigner des vieilles guerres, rêveries de sagesses avec leur petit cimetière d'une beauté émouvante où l'on peut faire en quelques pas, de croix de bois en tombeaux néogothiques, le tour des vanités humaines. Ces villages, pleins de beaucoup d'autres choses aussi précieuses, merveilleusement splendides et ordinaires, restent des refuges à l'échelle humaine, plaisants à habiter, des lieux privilégiés d'intégration sociale. La douce patine de leurs pierres pacifiées semble un clin d'œil rassurant de l'éternité. Le temps et l'espace ne sont-ils pas quand même le confort de l'homme ?

Et nous n'avons que l'embarras du choix. Il y a ces petits bourgs pittoresques et cabotins qui aguichent le touriste ; mais on leur pardonne bien volontiers un caractère quelque peu extraverti : ils ont tant à raconter. Et s'ils cherchent tant à séduire, s'ils s'approprient la lumière avec un art consommé de bateleur, s'ils imposent le recueillement à la nature qui les embrasse, s'ils ont tendance à jouer les matamores avec leur château fort, c'est qu'à bon droit, ils s'estiment dignes d'admiration. A vrai dire, il faut bien reconnaître que nous avons à faire à d'authentiques chefs-d'œuvre. Si vous savez vous y prendre, ils sont capables de confidences sidérantes.

Il y a aussi l'arrogance des villages perchés, de ceux qui vous voient venir de loin, vous toisent, et vous accueillent avec ce qui pourrait passer pour de la condescendance. Cette force, ils la tiennent de la terre même où ils se sont accrochés, de la majesté du site dont ils sont l'apothéose. Ils se dressent en plein ciel, sont par la force des choses en pleine lumière. Quand bien même le voudraient-ils, la modestie leur est impossible. Ils semblent témoigner d'une destinée éminente et exceptionnelle, avoir été voués à des gloires achevées ou des tragédies exemplaires. D'autant que l'Histoire – exception faite du romantisme des *mornes plaines* qui sut parfois la séduire – affectionna le panache des hauts lieux et souvent s'y déchaîna plus qu'ailleurs. Alors, ils font se lever l'idée de citadelles de légende. Il en émane aussi une magie où s'équilibrent le ciel et la terre, dans l'éclat d'une lumière plus pure, plus dure. La grandeur et la beauté s'y retrouvent souvent avec quelque démesure.

En haut, c'est une tout autre vision qui vous attend. Il n'est plus question de citadelles menaçantes, mais de très anciennes petites *villes closes*, coquettes et douillettes, presque alanguies, comme si la rudesse des escarpements, la sauvagerie du site, la violence de la lumière, n'avaient été que l'effet de votre imagination circonvenue depuis l'enfance par les gravures de vos livres d'Histoire. Là-haut tout est paisible. De vieux villages qui datent tout entier du XVe et du XVIe, quelquefois plus vieux encore, avec leurs maisons à tourelle, leur halle, leurs jardins suspendus fleuris de parasols et de lilas, où le printemps fait les quatre cents coups.

Mais, ce qui frappe aussi, c'est la façon dont la vie semble y battre sereinement, au rythme d'évidences dont notre époque, bizarrement, semble avoir perdu la mesure.

Ces villages fleuris et dorés sont de ces îles où se réfugie la joie de vivre. Si vous me croyez victime de mon imaginaire, si vous trouvez le tableau trop lyrique, en un mot si vous doutez, faites le détour. Ils vous attendent. Parfois, ces communes sont si petites qu'elles n'ont probablement pas les moyens de s'offrir des cantonniers pour entretenir le bord des chemins ; alors, en juin, les coquelicots y foisonnent comme dans les tableaux de Renoir. Et à mon avis, il est urgent de n'y rien changer !

Mais, de grâce, mesdames et messieurs les maires, soyez précautionneux avec les trésors dont vous avez la charge. Ils sont si fragiles !

Quel scandale que certaines de vos salles des fêtes défiant l'esthétique pour faire mode et *moderne*, pour faire *contemporain* ! Elles jouent *les pyramides du Louvre*, la fatuité et le grotesque en plus, dans l'ombre de votre si jolie petite chapelle romane dont la beauté inaltérée est ce que l'on fait pourtant de plus contemporain. Et cette contemporanéité-là est pleine d'avenir !

Aujourd'hui, la loi est sensée protéger les bâtiments "classés" ou "inscrits" à l'inventaire des Monuments Historiques. Les projets de construction ou de restauration situés dans un périmètre de 500 mètres autour de ces édifices sont en principe assujettis à des règles architecturales contrôlées par les architectes des Bâtiments de France.

*

Le Périgord *est beau comme une leçon de géographie*. Et si son image fait bloc, paradoxalement, la diversité exubérante de ce territoire défie l'unité ! N'a-t-on d'ailleurs pas éprouvé le besoin de distinguer quatre "Périgord" : le blanc, le noir, le vert et le pourpre. On s'évertua à les différencier selon les personnalités géographiques de chacun avec tout ce que cela suppose

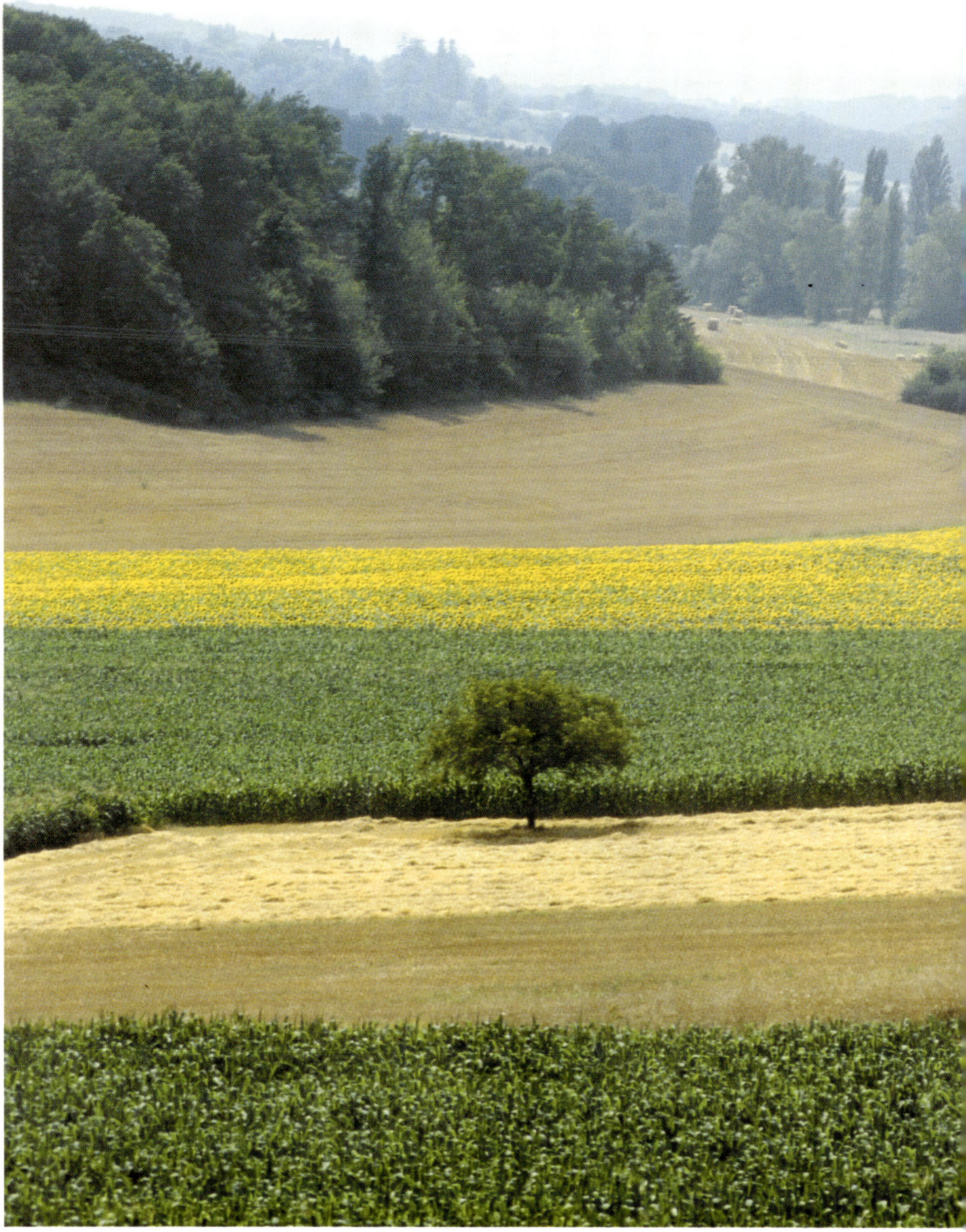

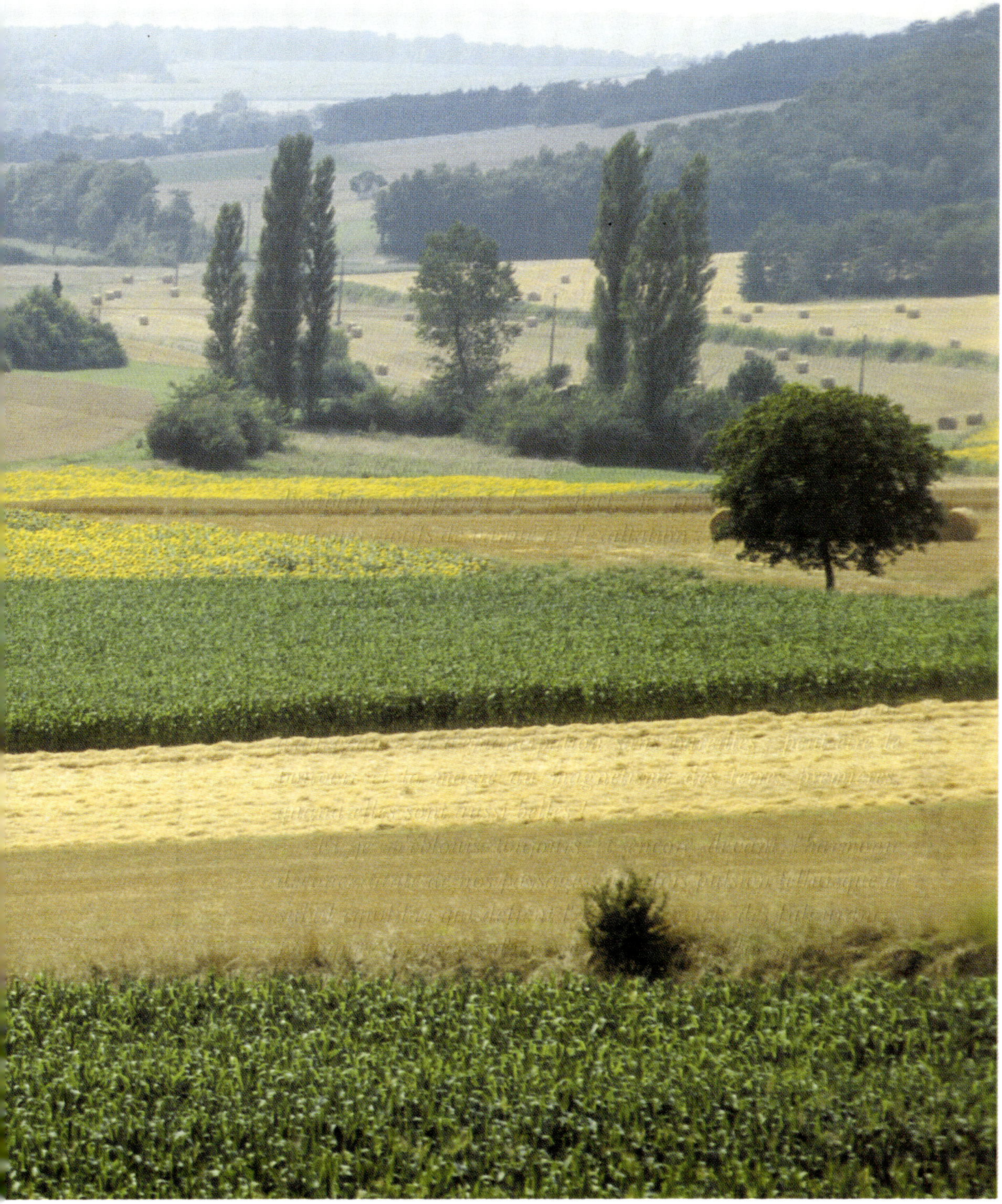

*"Paysages venus de bien trop loin pour nous confiner, pour limiter notre lecture du monde à leurs horizons bleutés.
Ils nous donnent à déchiffrer, dans les plis d'une terre de Genèse, les joutes du Temps et de l'Éternité, ils nous font toucher du bout du cœur l'universalité de la condition humaine."*

de particularités géologiques et climatiques influençant les modes de vie et de pensée, eux-mêmes générant tout naturellement des styles différents d'architecture.

A bien y regarder, cette diversité est si grande que ce n'est pas quatre Périgord qu'il faudrait recenser mais une dizaine et certainement plus si l'on est pointilleux. Quelques kilomètres à droite ou à gauche suffisent à vous dépayser. La sensibilité de cette province est telle que chaque vallée, chaque rive de vallée, chaque vallon, chaque plateau, chaque combe même, comme autant de principautés ignorées, cultive son particularisme architectural. Si les facéties du relief, les microclimats – si nombreux – la prédominance de certaines cultures – ici la vigne, là le tabac – les péripéties de l'Histoire, les superstitions, furent déterminants, beaucoup d'autres choses encore y mirent leur grain de sel : un individualisme forcené, l'ascendant des bâtisseurs, la tutelle de mystérieux nombres d'or ou l'ingéniosité des artisans. N'a-t-on pas vu les manies singulières de tel compagnon charpentier devenir l'apanage jalousement préservé d'une commune, contaminer parfois tout un canton pendant des siècles ? C'est ainsi que l'encorbellement des toitures, les épis de faîtage ou le parement des génoises peuvent être différents d'une commune à l'autre, qu'ici les lucarnes de grenier sont en œil-de-bœuf ou en "fenêstrou", là en chien assis, ailleurs en huteaux plats ou triangulaires.

En Périgord, depuis un bon millier d'années, le caractère des maisons fut modelé par le tempérament des paysages où elles s'inscrivaient. En matière d'architecture rurale, il existe un *déterminisme du paysage*.

La diversité des matériaux utilisés fut prodigieuse : grès ocre en Sarladais, torchis d'argile dans la Double, moellons calcaires "en têtes de chat" liés à la glaise et pierre de taille de Chancelade ou de Paussac en Périgord blanc, granit sombre et grès rouge ou rose en Terrassonnais. Alors qu'au sud et à l'ouest les tuiles romaines et les lauzes dominent, au nord et à l'est ce sont les petites tuiles plates, ou déjà les ardoises limousines, qui l'emportent.

Les Périgordins eurent pendant très longtemps une si grande science naturelle pour construire leurs maisons, qu'elles participaient directement à l'harmonie des paysages. Modestes fermes, gracieuses gentilhommières ou puissantes forteresses semblent être là de toute éternité. Le naturel de cette osmose entre paysage et architecture est admirable.

Le Conseil d'Architecture d'Urbanisme et d'Environnement dont la vocation est d'aider à la préservation du patrimoine architectural a distingué dix paysages périgordins parfaitement définis dans leurs caractéristiques géologiques, climatiques, agricoles, chacun d'eux déterminant des typologies architecturales spécifiques. Et il n'y a pas photo, pardonnez-moi l'expression, d'autant que la démonstration est faite au fil des pages d'une brochure illustrée par des photographies magnifiques. Même pour moi qui suis depuis toujours sensible à l'extraordinaire diversité périgordine et à la spécificité de chacun des micro-paysages qui la composent, la démonstration est édifiante.

C'est dire si construire en Périgord, quand on veut préserver l'identité paysagère de chaque terroir, peut être délicat et parfois dévastateur ! Le moindre mal reste sans doute la fameuse et prétendue "*Périgourdine*" qui s'intègre relativement bien dans l'est du département, en Sarladais principalement, avec sa toiture à forte pente de *type celtique*. Mais ailleurs ? En Ribéracois, en Bergeracois, en Périgord blanc, en Nontronnais ? La *"Périgourdine"* stéréotypée est souvent étrangère aux codes du bâti local : les toitures y sont de type *méditerranéen*, moins hautes, moins pentues, l'onduleuse tuile romane remplace la tuile plate ou l'ardoise, ici les corps de logis sont courts et trapus, ailleurs tout en longueur, là une vieille manie agrémente les maisons d'un pigeonnier ou d'une galerie, etc.

Alors, depuis quelques années, la plupart des gens construisent n'importe quoi, n'importe comment, n'importe où. Ils transgressent les lois naturelles d'un habitat rural et d'un environnement qui participent de l'âme du Périgord et fait sa gloire. Au contraire, les étrangers, Anglais principalement, venus chez nous précisément pour ces charmes-là sont très précautionneux et restaurent remarquablement. Depuis quelques décennies ils sont à l'affût de la moindre de nos gentilhommières qui se lézarde et prend la pluie. Et sinon que voit-on ? La campagne périgordine défigurée par des pavillons conçus par des architectes sans imagination : les proportions sont bâtardes, le style indéfini, un peu périgordin, un peu provençal, un peu basque, un peu landais, un peu charentais et que sais-je encore ? J'ai parfois vu des maisons dans l'esprit grec ou portugais, et même des chalets tyroliens ! Et par-dessus tout ça, sous couvert d'originalité ou de pittoresque, le mauvais goût, qui n'exclut ni les enduits aux couleurs excentriques, ni les colonnades romaines, ni les ferronneries à l'espagnol, les luminaires globuleux et les morbides clôtures de thuyas. Je vous fait grâce des accessoires qui décorent quelquefois les abords.

Pourquoi ne peut-on plus construire de belles maisons ? Les générations qui nous ont précédés l'ont fait pendant des siècles et ne disposaient pas des moyens de toutes sortes dont nous bénéficions. Mais il y avait d'abord le soin qu'elles apportaient à en déterminer l'emplacement. C'était toujours le fruit d'une complicité très intime avec la nature, d'une sorte de communion cosmique, l'aboutissement d'une patiente et longue observation, qui guidaient leur choix. Tout était pris en compte, passé au crible des cinq sens : l'orientation, l'altitude, le caractère des vents dominants, la violence et la fréquence des pluies d'orage, l'empressement du soleil à dissiper les brumes matinales et la plus ou moins grande sournoiserie des gelées de printemps ; mais également des constats aussi subtils que l'intensité de la lumière ou la liberté offerte au regard de s'envoler vers le bleuté des lointains.

De la *belle ouvrage* ces bâtisses paysannes ! Du talent pour les toitures à quatre pans, hissées très haut par des charpentes cyclopéennes, évasées en coyau sur d'ondulantes génoises. Qui dira la grâce du *coyau* ? Trouvaille exclusivement locale, preuve irréfutable non pas de l'existence de Dieu, quoique… mais de la douceur d'âme de ces "Mansard paysans" qui s'échinèrent à transgresser les rigidités d'une géométrie trop sommaire à leur goût, pour adoucir leurs toits d'un beau galbe, un peu à la manière des pagodes, qui confère à leurs maisons ce caractère si typique. Les murs atteignaient ou dépassaient le mètre d'épaisseur, les percements, défiant tout académisme, étaient cependant toujours habiles et harmonieux : portes basses et fenêtres minuscules à volet unique pouvaient côtoyer avec bonheur l'exubérance Renaissance d'une large baie à meneaux. Les crépis étaient des enduits hérités des bâtisseurs romains, chaux et glaise mêlées, qui conjuguaient des camaïeux d'ocre très tendres sous le bouillonnement bleu des glycines. Les cuisines ouvraient généralement au nord et les salles à manger – quand il y en avait – au sud ; les meilleures chambres devaient être exposées à l'est pour que chaque matin les premiers rayons du soleil les éclairent. Les greniers étaient hauts et mystérieux, les caves profondes et fraîches pour conserver les confits, les fromages, les vieilles bouteilles laissées par les ancêtres, et sous les escaliers se dissimulaient des placards à confitures. Dans la cour il y avait un banc de pierre face à "la vue" et un marronnier touffu pour attirer les rossignols.

Chacune de ces maisons était une sorte de bastion domestique pour résister à l'humaine condition et protéger le petit paradis terrestre de leurs bâtisseurs. Leur agencement était une manière d'étrange métaphore du monde intérieur des habitants, bouleversante à force de correspondances intimes. Ce n'est pas sans raison si l'on dit à propos de ces vieilles maisons qu'elles *ont une âme !* Et après tout, c'est logique, car toutes dispensent une leçon pratique de simple et saine philosophie de la vie.

Car si belles soient-elles, elles furent rarement conçues dans un souci de coquetterie ou de gloriole. Elles répondaient tout bonnement à la nécessité de survivre dans un pays pauvre où, bien que l'on n'y parlât pas encore du bonheur à tout bout de champ, on n'en eut pas moins toujours une certaine idée. Alors, on aménagea les maisons pour y survivre le plus voluptueusement possible.

Pourquoi ne serait-il pas possible de mettre tout simplement dans un ordinateur les cotes, les volumes, les formes, les rythmes, les couleurs et les nombres d'or dont usaient les maîtres maçons d'autrefois ? Qui prétendra que ces bâtisseurs de jadis avaient moins d'esprit et de talent que ceux d'aujourd'hui ? Ainsi nous retrouverions dans nos modernes constructions toute la noblesse de nos différents styles d'architecture de terroir qui sont et restent parmi les plus beaux. Ne croyez-vous pas qu'au-delà du sauvetage de notre identité paysagère, à reproduire les proportions (ah ! les proportions !), les harmonies et les trouvailles de plusieurs siècles de bel artisanat, la Beauté, et de surcroît le Bonheur des hommes y trouveraient leur compte ? D'autres régions de France y tendent, parfois y sont presque parvenues grâce à la volonté de leurs élus : le Pays Basque, l'Alsace, le Lubéron, une partie des côtes bretonnes et normandes... La ville d'Arcachon a décidé elle aussi de préserver son bâti original. Quatre cents villas ont été identifiées "remarquables", et une charte de construction inspirée de celles-ci a été élaborée. Elle ouvre droit à des aides pour les maisons à construire dans l'avenir.

Pourquoi pas des dispositions analogues en Périgord qui fut pourtant, dans les années cinquante, l'un des premiers départements à prendre conscience de la valeur de son patrimoine architectural et à concevoir à quel point il était précieux et fragile ? Et cela serait d'autant plus facile que des associations comme *Vieilles Maisons Françaises* ou *Maisons Paysannes de France* et certains organismes publics ont effectué un remarquable travail de recherches en identifiant, répertoriant et codifiant les différents standards de l'habitat rural. Et croyez-moi, leur diversité est telle que tout un chacun y trouverait son bonheur et de quoi satisfaire ses velléités d'originalité sans porter atteinte à l'harmonie et à l'identité paysagère du terroir. D'autant que je ne pense pas que le coût de la construction en serait significativement accru. D'ailleurs on peut voir ici ou là des exemples réussis de cette manière de construire qui, bien qu'intégrant les techniques et les technologies nouvelles, utilisant des matériaux modernes, donnent à croire parfois qu'il s'agit d'une restauration bien menée.

Allons messieurs les pavillonneurs, faites un effort, soyez habiles, vous avez là une belle occasion de redorer votre image, d'initier une démarche patrimoniale et *citoyenne* dont votre activité sortira grandie.

En matière de rénovation et de réhabilitation, les comportements et les règles sont les mêmes. Il y a ceux qui en toute bonne foi mutilent de vieilles architectures, sacrifient la grâce et la poésie de fermes du XVIIIe à coup de vrai neuf pour faire faux vieux. Et puis il y en a d'autres qui pensent que tant de beauté ne peut disparaître. Car il existera toujours des hommes sensibles pour succomber, pour vouloir accéder à pareil luxe. Ceux-là sont passionnés, poussés par le désir, livrés à la violence de ces pulsions qui découvrent les terres promises. Dans la paix des vieux murs, avec beaucoup d'amour ils remplacent une à une les pierres effritées par le temps, ils colmatent les lézardes ; avec beaucoup de délicatesse ils poncent les vieilles portes de noyer puis accrochent des volets neufs sur les vieilles fenêtres, redonnent force et vigueur aux vieilles glycines. Si les hommes devaient un jour ne plus aimer la beauté, les merveilles cesseraient d'exister. Ceux-là ont appris jusqu'au raffinement l'art d'en jouir.

On sait aussi que le charme d'un paysage habité tient pour une grande part à la beauté et à la couleur des toitures (la Bourgogne a ses toitures vernissées et la Provence ses grosses belles tuiles romanes de ce rose si tendre). Là encore, hélas, il est un autre fléau qui afflige depuis quelques années les horizons périgordins : certaines tuiles utilisées couramment. Leurs *si coquettes* et si vives couleurs, quand elles sont juste posées, ont la perversité de ne point se patiner en virant à ce bel ocre roux qui fait ici la singulière beauté des vieux toits, mais de noircir sournoisement au fil des années. Je sais, de source sûre, que les industriels qui les fabriquent sont conscients du problème, qui au demeurant, ne semble pas affecter la plupart des utilisateurs... Alors, pourquoi tenteraient-ils de remédier à cet état de chose ! Et je pourrais parler des enduits de façades, crépis tyroliens en particulier qui n'en finissent pas de dénaturer et de trahir l'authenticité et le caractère de notre architecture.

Pourtant il suffirait souvent de presque rien pour éviter le pire et conserver le charme d'une vieille bâtisse. Et là encore, le Conseil d'Architecture d'Urbanisme et d'Environnement et les associations pour la sauvegarde du patrimoine sont prêts à aider les propriétaires. Des documentations et des guides de recommandations, généralement très pédagogiques, informent de ce qu'il faut faire et ne pas faire, conseillent sur les matériaux et les techniques à utiliser pour réussir une restauration.

Je vous l'ai dit, je ne suis technicien en rien, mais je suis assez amoureux de ce pays pour, comme les hommes de mon espèce, me désoler, m'insurger et me poser les questions que se posent les amoureux du Périgord. Je fais un constat, une approche, certes non exhaustive, de moyens simples pour préserver un bâti et un environnement rural que le monde entier nous envie. Voilà l'esprit de quelques mesures de bon sens qui semblent bien facile à prendre, de quelques dispositions qu'il est urgent d'appliquer, en regard de l'enjeu.

Alors, à l'heure où l'évolution du monde suscite un affrontement inédit du particulier et du général, et donc de nouvelles réflexions sur les formes et le sens de l'intérêt général, pourquoi les pouvoirs publics ne se font-ils pas plus imaginatifs et plus pressants, le législateur plus contraignant, les collectivités territoriales plus incitatrices ?

La cause est juste et belle, et incontestablement d'intérêt public.

PAYSAGES ET ÉCONOMIE

Souvent, par écrits interposés, j'ai pris la douce habitude de vous emmener en promenade dans des paysages qui sont pour moi une vision palpable du Jardin d'Éden. Est-il contestable que nous leur devons pour partie la renommée et le prestige du Périgord ? Pourtant je vous surprends parfois à douter des fondements de ma foi, à douter de moi, qui ai la prétention d'affirmer en prêchant que ce pays est aux portes du Paradis. Et même si je vous surprends à me suspecter d'exaltation quand j'ai la faiblesse, ou la lucidité, de croire aux miracles dont est capable cette beauté, je reste convaincu et vous fiche mon billet, à vous autres qui ne vous laissez pas payer de mots, qu'elle peut, demain, si vous savez, si nous savons la préserver, faire la fortune du Périgord. Alors, si ce n'est pas par amour du beau, faisons-le au moins par intérêt, ne laissons pas passer une bonne affaire. A l'ère de la globalisation marchande, un peu de lucre nous sera vite pardonné.

Le paysage est devenu un objet de consommation, une réserve fabuleuse de *signes* dont se nourrit l'imaginaire collectif, un dispensateur de ce sens dont notre époque se prétend si dépourvue. Les publicitaires l'ont bien compris, eux qui en font (avec l'imagerie érotique) les ressorts de la plupart de leurs messages.

Les réflexions menées depuis quelques années dans le cadre de l'aménagement du territoire ont désormais inclus la qualité paysagère des espaces ruraux dans le calcul économique.

En Périgord, plus de 22 % de l'économie départementale, parfois 50 % dans certains cantons, proviennent du tourisme et de ses dérivés directs (780 millions d'euros de chiffre d'affaires en 2003.) Au moins 10 000 emplois en dépendent. Et l'Organisation Mondiale du Tourisme prévoit un doublement du nombre de visiteurs en Europe d'ici à 2020.

Il est reconnu que la qualité des paysages, donc du cadre de vie, fait la réputation et l'attrait d'un pays. Dans certaines régions, le développement du tourisme vert est directement lié à leur qualité environnementale. Et notre département, plus que d'autres, enrichit l'offre de cette forme de tourisme *naturaphilique* d'un contenu archéologique, historique et gastronomique exceptionnel.

Nous assistons à l'émergence d'un nouveau marché dont le dynamisme réside dans une offre d'intemporalité (certes relative), mais capable de s'opposer à la frénésie d'une époque sans épaisseur, en quête de repères, partagée entre fuite en avant et nostalgie. Nos paysages furent longuement et patiemment façonnés dans la lourdeur de la terre par le poids des usages, des coutumes et des savoir-faire d'hommes qui avaient la prétention de l'éternité et, sans doute, l'obscure conscience que la beauté procède de l'éternité. C'était alors un temps de certitudes. Aujourd'hui, à force de vouloir comptabiliser le temps, à force de tenter de le monnayer à tout prix, peut-être avons-nous perdu ce désir d'éternité. Et nous en gardons la nostalgie. Alors, nous tentons de retrouver une manière d'être, de vivre et d'aimer, qu'une société amnésique et pleine de craintes vient chercher dans un cadre capable de la rassurer sur sa destinée.

Ainsi, dans le tourbillon des mutations actuelles, nos vieux pays, avec leurs vieux paysages pleins des beautés naturelles d'une géographie humanisée où s'opère l'alchimie du temps et du génie des hommes, apparaissent comme des havres de stabilité et de permanence.

Par ses connotations identitaires, le paysage rassure, débride l'imaginaire : alors il se vend et fait vendre. Il est tout à la fois une réalité hautement culturelle et un produit de consommation. Le paysage touristique est devenu une représentation mentale et un réceptacle de sensibilité, un spectacle intime. Il fait miroiter la perspective d'un séjour heureux. Il intègre esprit et matière, histoire et géographie, art de vivre et bonheur d'être. Il est pressenti avant le départ et détermine la motivation du choix de la destination. Sur place il est ressenti au travers de conceptions personnelles ou collectives, souvent liées à l'imaginaire véhiculé par une longue tradition littéraire : la Touraine de Balzac, le Berry de George Sand, la Provence de Giono, la Normandie de Maupassant et de La Varende, les Cévennes de Jean-Pierre Chabrol, l'Aquitaine de Mauriac, l'Auvergne de Vialatte, le Limousin de Claude Michelet, le Périgord d'Eugène Le Roy et de Christian Signol... Mais aussi picturales, depuis les *Riches Heures du Duc de Berry jusqu'à L'Angélus* de Millet, du Nord de Vlaminck au Sud de Van Gogh et de Brayer. Récemment, un écrivain provençal dont les ouvrages connaissent actuellement de beaux succès de librairie, me disait, avec une modestie et un humour exquis, valoir cette embellie aux paysages de lavandes qui illustrent la couverture de ses livres !

Et il faut croire que nos paysages sont édifiants et spectaculaires au point de séduire les plus prestigieux cinéastes. Depuis le Jacquou le Croquant de Stellio Lorenzi, Claude Chabrol, Luc Besson, Alberto Cavalcanti, Ridley Scott, Christophe Gans, Jacques Deray et d'autres ont trouvé chez nous des décors préservés, une lumière naturelle exceptionnelle, des horizons photogéniques et une authenticité capiteuse.

*

L'impact paysager, devenu valeur marchande, ne peut plus être négligé, particulièrement dans une région comme la nôtre qui mise en priorité sur le tourisme et ses dérivés pour assurer son avenir économique. Et si objectivement, nous disposons de beaucoup d'atouts : la préhistoire, l'histoire, l'architecture, la gastronomie, de surcroît, tout cela est enrichi par une plus-value paysagère quasi légendaire. D'où l'urgence de considérer nos paysages comme une composante déterminante de l'aménagement territorial et du développement économique.

Alors, le paysage source de richesse ? Assurément. Et son entretien peut lui aussi devenir un véritable marché sauveur et créateur d'emplois. D'ailleurs des dispositions existent déjà, comme le 1 % paysager (1 % du montant des travaux autoroutiers destinés à la mise en valeur de l'environnement paysager, à la sauvegarde architecturale des villages, au maintien des espaces ruraux et au respect des terroirs.) La Confédération Paysanne et la Fédération des Exploitants Agricoles défendent désormais l'idée d'une agriculture respectueuse de l'espace rural traditionnel. La création récente des P.E.P. (Pôle Économie Patrimoine) participe de cette vision du développement.

Alors, si l'imagination, l'innovation et la volonté politique sont au rendez-vous, l'agri-tourisme et la pluriactivité qui en découlent viendront en aide à l'équilibre économique de nos espaces ruraux. Une politique volontaristed'entretien et de réhabilitation du paysage doit permettre de sauver des emplois agricoles, de favoriser la pérennité de certaines exploitations et d'endiguer la déprise démographique et la désertification du milieu rural.

Bientôt, des gens seront prêts à payer très cher ce qui, ici, fait le bonheur des hommes depuis longtemps. En terme d'économie locale et de développement durable, ce sera demain une fabuleuse réserve de richesses capable de renaissances impossibles à imaginer aujourd'hui. J'ai rencontré une militante du patrimoine qui a une idée très précise d'un devenir possible du Périgord : "*une réserve de beautés, de douce et sage sauvagerie où les Périgordins feraient payer extrêmement cher aux visiteurs leur audace de vouloir participer à cette sauvagerie.*"

Mais précisément, attention ! Sous couvert d'attractivité, de convivialité, d'animation, ne faisons pas n'importe quoi n'importe où. Doit-on organiser des courses d'aurochs aux abords de Lascaux ? Ce serait alors accepter l'organisation de concours de pêche au Mont-Saint-Michel, l'ouverture d'une guinguette à Fontevrault, l'implantation d'un centre de balnéothérapie à la pointe du Raz, la création d'un parcours de golf sur la colline de Sion ou de voir lotir le parc de Versailles en village de vacances !

A contrario, il existe des axes de développement respectueux et directement liés aux prédispositions spécifiques du Périgord. En premier lieu, comme on vient de le voir, sa vocation à accueillir ceux qui rêvent de retrouver les joies des plaisirs oubliés qu'offrent les simplicités naturelles : l'air pur, le silence, l'espace, la beauté et l'authenticité des paysages et l'art de vivre qu'ils induisent. Il faut sans doute régénérer la petite et moyenne exploitation agricole en promouvant des productions de qualité – traditionnelles, biologiques, écologiques – démarche qui participe déjà des nouvelles attentes consuméristes, et corrélativement de la santé publique.

En outre, il existe de nombreuses pistes originales à explorer en matière d'Art et d'Histoire. La vallée de la Vézère n'est-elle pas le site le plus emblématique, le plus légitime qu'on puisse imaginer de par le monde pour accueillir, *in situ*, un pôle scientifique international de recherche sur l'Histoire de l'Humanité ? Pour implanter de tels laboratoires, la *vallée de l'Homme* n'est-elle pas un cadre plus inspiré qu'une banlieue en région parisienne ?

Il n'y a pas de honte, ni d'archaïsme, à vouloir bâtir sa croissance économique sur la beauté, l'émotion et l'intelligence. A chaque région ses atouts. Ceux du Périgord sont providentiels et exceptionnels.

*

Si l'on prétend que nos paysages sont notre première vitrine, si l'on admet qu'une identité et un environnement rural préservés sont parmi nos principaux atouts, alors les pouvoirs publics, les aménageurs du territoire, les élus locaux, les agriculteurs et les professionnels du tourisme doivent développer ensemble des compétences nouvelles pour en assurer la protection et la gestion. Déjà, l'Université de Tours prépare des étudiants géographes à ces nouveaux métiers du paysage : architectes, ingénieurs et agriculteurs paysagistes, plasticiens et documentalistes paysagers, etc.

Nous n'avons plus le droit de dilapider cette richesse paysagère dont la dégradation ruinerait à terme de légitimes ambitions touristiques et remettrait en cause beaucoup des potentialités et de l'avenir économique de nos terroirs. En revanche, nous avons l'ardente obligation de travailler à sa mise en valeur – *en valeurs* – nous devons la placer au cœur d'un développement durable et réfuter la doctrine du profit immédiat pratiqué par l'urgentisme politique et l'affairisme immobilier.

Sauver nos paysages est une mission de nécessité et d'ampleur historique. A l'opposé d'une tentative de résurrection du passé, inspirée par un quelconque néo-archaïsme ou néo-ruralisme, il s'agit au contraire de la reconquête du présent et de la renaissance d'une espérance en l'avenir. Une vision à long terme doit intégrer l'émergence de changements de mode de vie, de mode de produire, de mode de consommer, doit miser sur les évolutions de mentalités, d'aspirations et de comportements.

Comme le remarque Edgar Morin : "*Dans les nations économiquement développées, l'élévation du niveau de vie est gangrenée par la dégradation de la qualité de la vie – Le mal-être parasite le bien-être*". Beaucoup de gens rêvent de fuir le stress, la pollution, les nuisances, l'anonymat, pour vivre et travailler dans un cadre préservé, profiter de solidarités et de convivialités naturelles. L'exode urbain commence à supplanter l'exode rural.

Demain, la douceur environnementale et la qualité de la vie, non seulement, ne seront plus incompatibles avec la performance économique, mais au contraire seront des composantes indispensables au développement. Elles deviendront "vitales et rentables". N'est-il pas, dorénavant, reconnu que la qualité du cadre de vie fait l'attraction d'une région ou d'une ville, et pas seulement dans le domaine touristique ou auprès des générations écologisées ?

Assortie au désenclavement, via l'A89 et l'ADSL, la permanence de paysages préservés et d'une certaine "ruralité", répondra à ces *attentes de vie* et participera au développement d'une nouvelle génération d'entreprises en Périgord.

Voilà le défi patrimonial, économique et social à relever d'urgence. Il suppose une révolution dans la logique des politiques prospectives qui prévalent encore trop souvent.

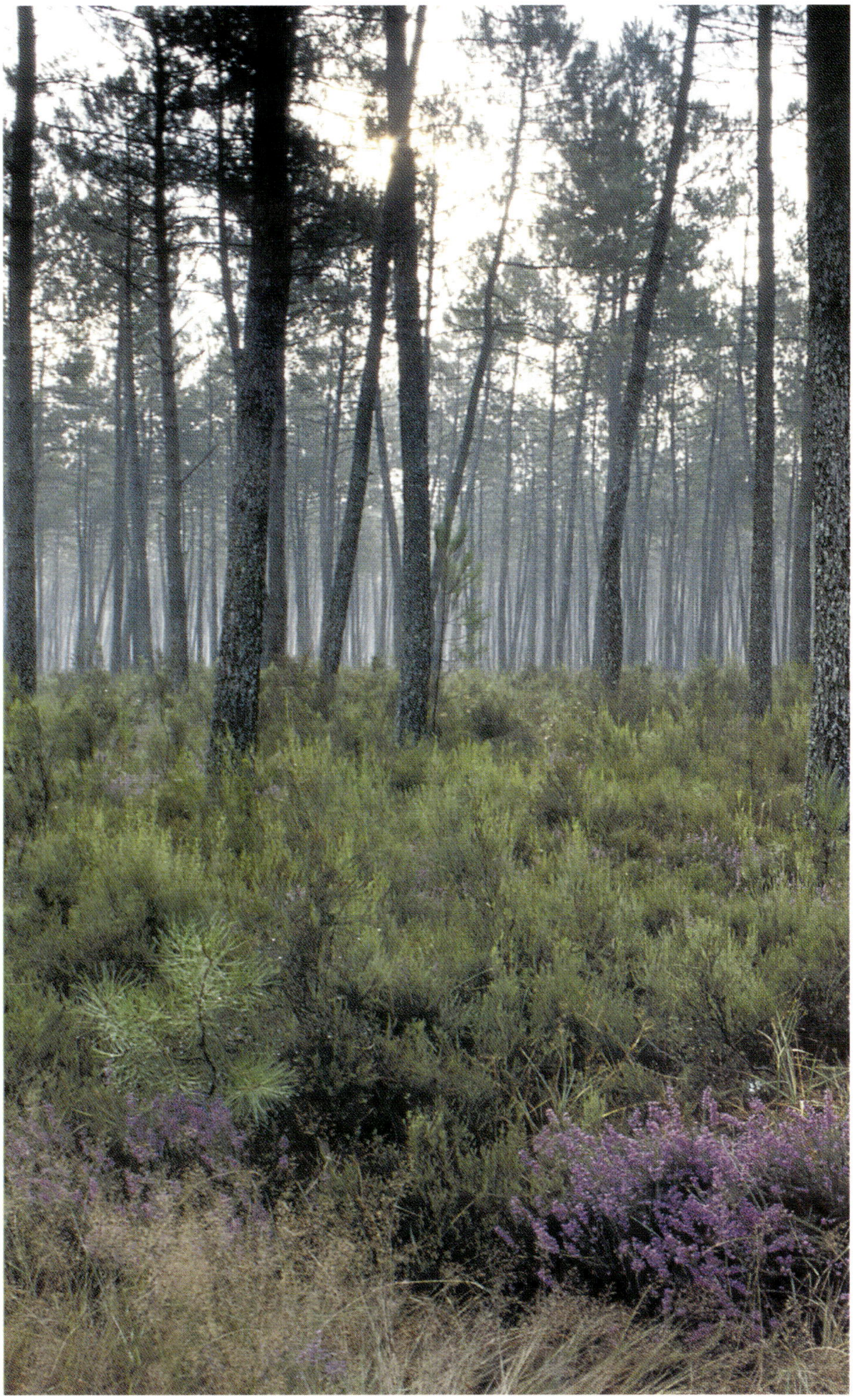

POST-SCRIPTUM

J'ai eu la candeur de me livrer à une *profession de foi* avec la conviction et la ferveur des croyants des premiers jours. Monsieur le Président et Mesdames et Messieurs les élus qui, par expérience, ne vous payez pas de mots – vous en connaissez trop le prix et la faiblesse, monnaie courante ou monnaie de singe selon qu'ils sont sonnants ou trébuchants – sans doute penserez-vous : encore des mots ! Sans doute direz-vous qu'à peu de frais je me fais prosélyte et redresseur de torts. Vous avez raison. Quelle prétention que de vouloir exprimer la beauté déconcertante des paysages périgordins avec des mots, comme s'ils avaient le pouvoir émotionnel des images. J'ai reconnu à me relire leur désespérante impuissance, et surtout l'indigence de mes pauvres mots en regard de l'éloquence du chevauchement des collines, de l'élancement de trois peupliers au creux d'un vallon ou de la perfection esthétique d'un hameau. Rien que de très familier et pourtant d'indicible.

Car *l'Écriture* absolue est au cœur de ces paysages venus de bien trop loin pour nous confiner, pour limiter notre lecture du monde à leurs horizons bleutés. Ils nous donnent à déchiffrer, dans les plis d'une terre de *Genèse*, les joutes du Temps et de l'Éternité, ils nous font toucher du bout du cœur l'universalité de la condition humaine.

La Parole est là, au creux de nos vieux paysages. Ils ont tant à dire et donnent tant à entendre. Je leur dois

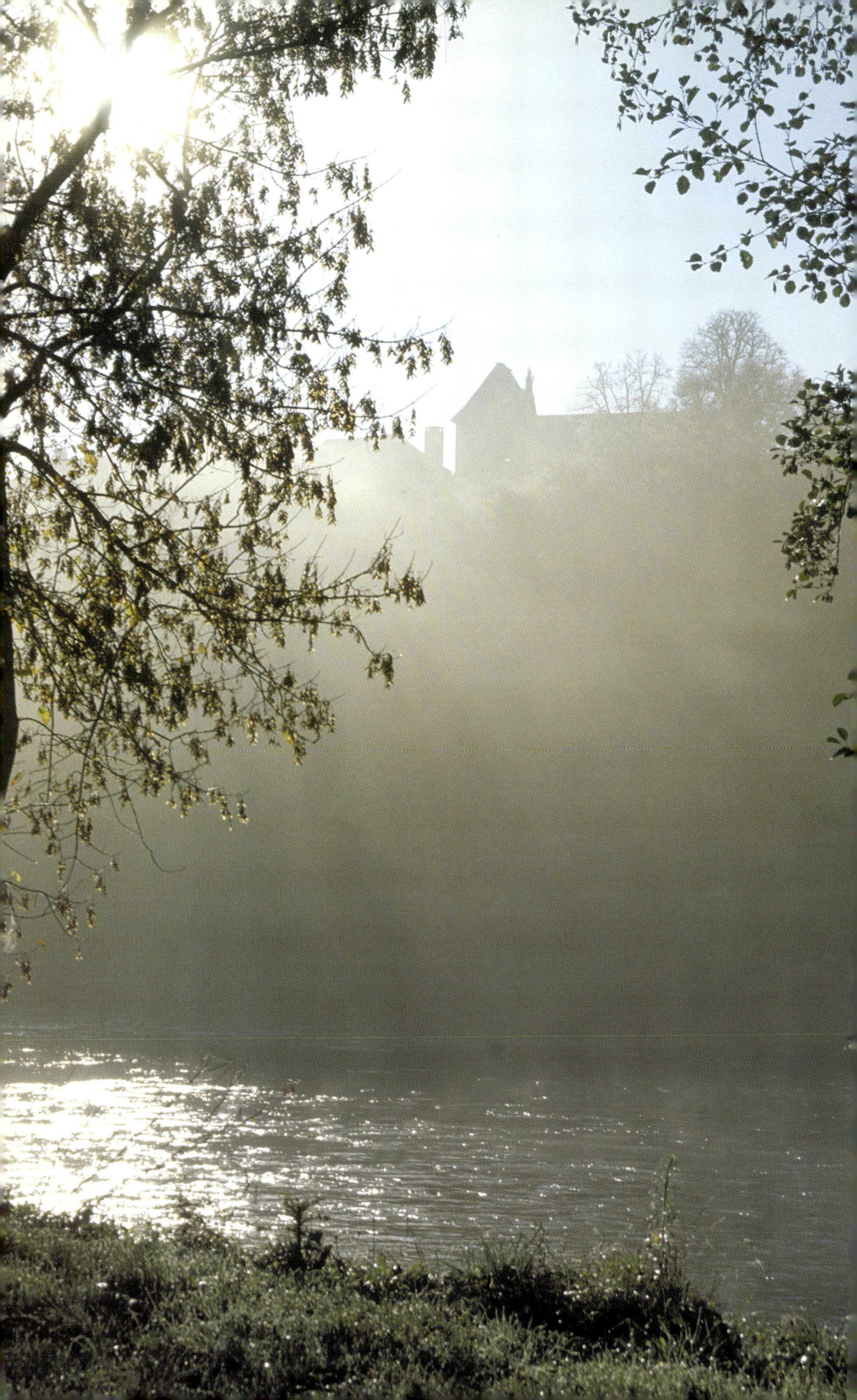

beaucoup de ce que je crois essentiel, et d'abord d'être tels qu'ils sont dans leur intégrité triomphale et ce que je suis dans mon intimité mentale. Ils me soutiennent du dehors et du dedans.

L'empreinte qu'ils sont capables de laisser sur les âmes sensibles – laquelle ne l'est pas ? – est terrible. Je vous avoue que je tiens pour ma chance d'en être marqué irrémédiablement. Sincèrement, ne l'êtes-vous pas aussi ? Peut-être par habitude ou négligence n'en avez-vous pas conscience ? Et si vous doutez parfois de mon constat, persuadés de n'y voir que l'aveuglement de mes enthousiasmes et de mes révoltes, je vous conjure de dessiller vos regards. Alors, vous ouvrirez des yeux ronds, éblouis par la beauté et la noblesse de nos paysages. De l'une et l'autre, nous aurons tellement besoin demain. De grâce, ne soyons pas les acteurs inconscients et les témoins impassibles de leur sacrifice. Cette beauté contribue au bonheur de vivre et cette noblesse *oblige*.

Mareynou,
décembre 2003 – juillet 2004

REMERCIEMENTS

Jacqueline et Guy PENAUD
Thierry BARITAUD
Daniel DEBAYE
Josette et Jean CORNET
Danièle et Jean-Pierre MOUGIN
Martine BALOUT
Michel SANCHEZ
François WASSERZUG
Guy FROIDEFOND
Dominique AUDRERIE
Françoise BOURRINET
Maurice MELLIET
Josette et Michel NOUGUEZ
Nicole et Gérard FEYFANT
Claude TESTUT
Les services de la D.D.E., du C.A.U.E., du C.D.T.
et de l'U.D.O.T.S.I. de la Dordogne.

BIBLIOGRAPHIE

Dominique AUDRERIE
Questions sur le patrimoine – éditions Confluences

Roger BÉTEILLE
Le tourisme vert – éditions P.U.F.

Marc BLANCPAIN
Périgord – éditions Nathan

Jean CABANEL
France, terre de paysages – éditions Hazan

Maria CARRIER – Denis NIDOS
Le cœur et l'ouvrage – éditions de La Lauze

José CORREA – Joan Pau VERDIER
Terres de Périgord – éditions de La Lauze

Xavier DARCOS
Prosper mérimée – éditions Flammarion

Gérard FAYOLLE
Les nouvelles ruralités – éditions Sud–Ouest

Claude MICHELET
Histoire des paysans de France – éditions Robert Laffont
J'ai choisi la terre – éditions Robert Laffont

Michel PÉRIGORD
Le paysage en France – éditions P.U.F.

Jean-Robert PITTE
Histoire du paysage Français – éditions Tallandier

Patrick RANOUX
Atlas de la Dordogne-Périgord – éditions Ranoux

Jean-Paul SIMON – Denis SOULIER
L'architecture paysanne en Périgord – éditions Fanlac

Chantal TANET – Tristan HORDÉ
L'invention d'un paradis, le Périgord – éditions Fanlac

Michel TESTUT
Des plaisirs et des jours en Périgord – éditions Fanlac

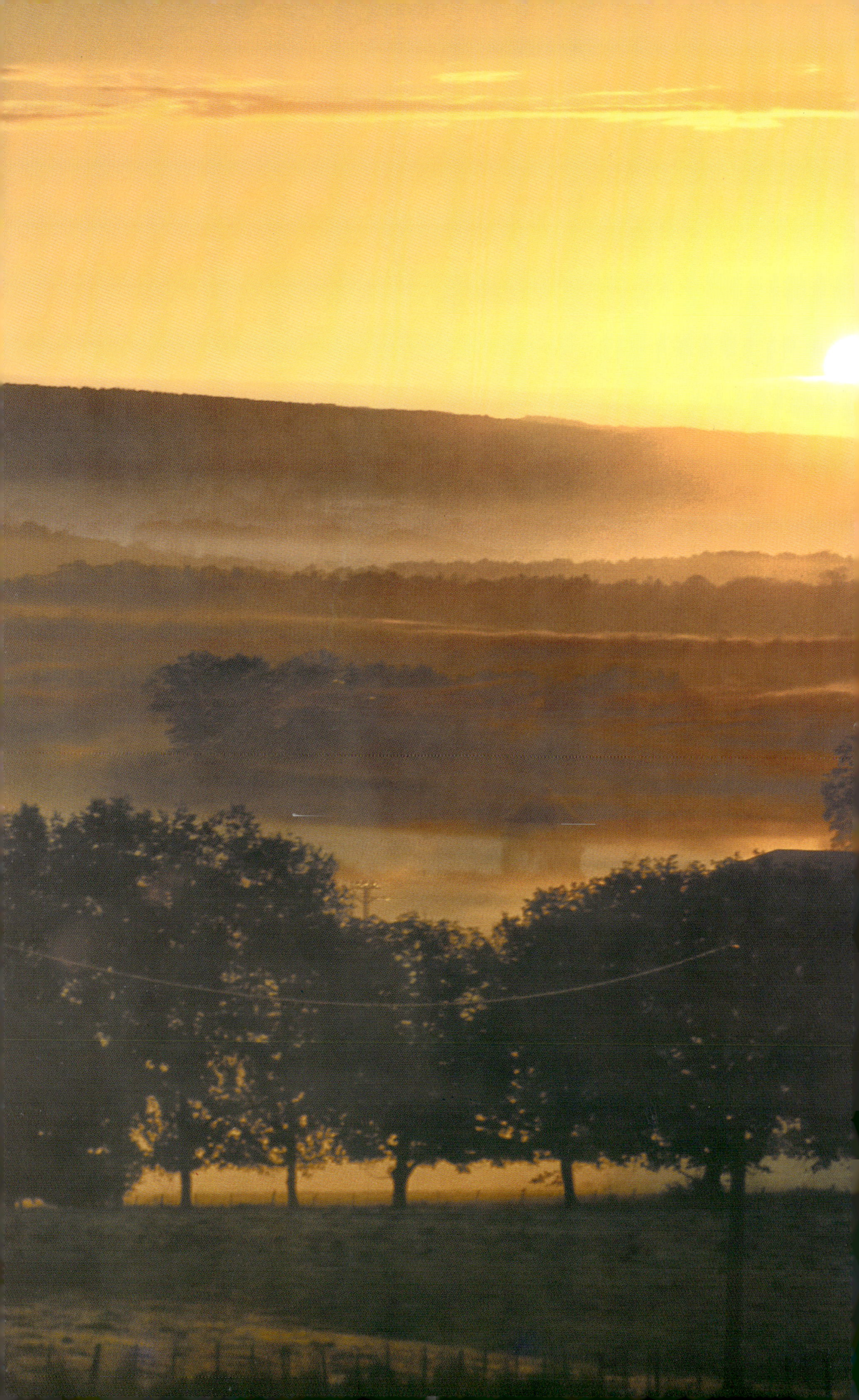

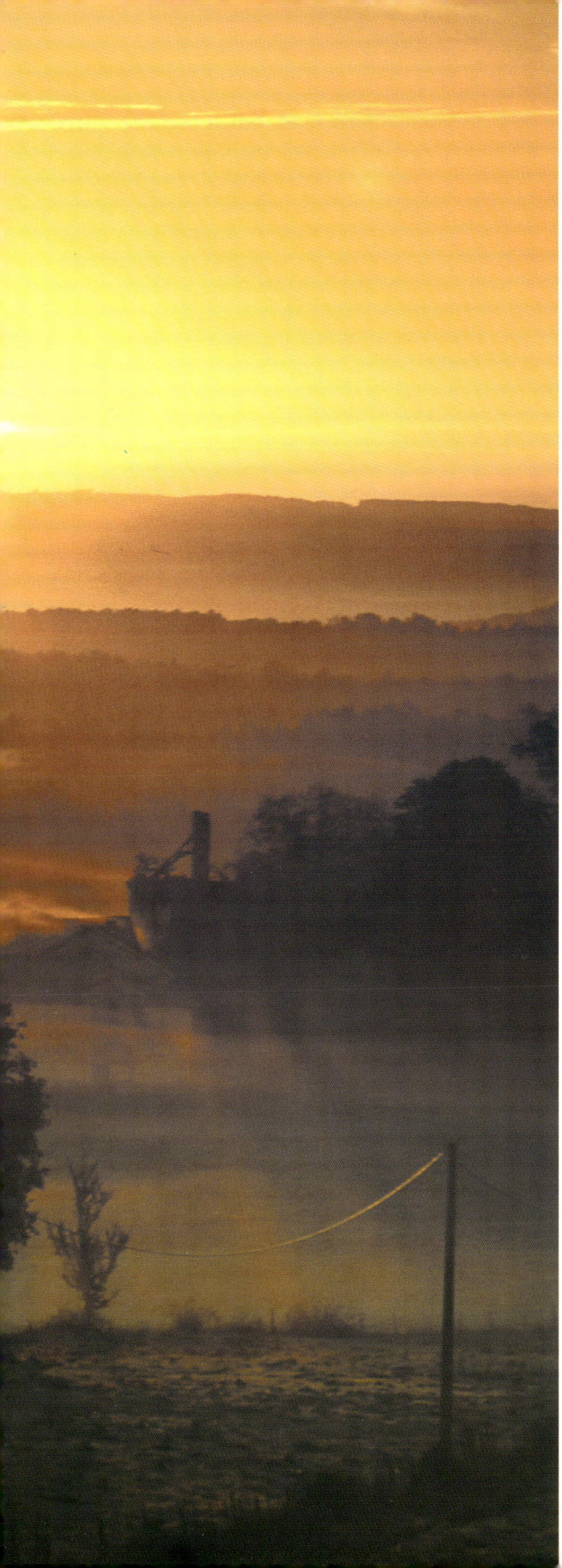

"Le couchant enflamme sur la Dordogne des fétus de lumière. Juste ce qu'il faut d'or pour marier un instant le jour et la nuit. Tout s'apaise. Le silence n'est troublé que par les trilles d'un rossignol caché dans les branches basses d'un peuplier où s'accroche le soleil rouge qui nimbe de poudroiements safran les noyeraies d'alentour. Il y a le haussement d'épaule de la colline où viendra se poser le bleu de la nuit toute parfumée des senteurs du regain, et dans le calme crépusculaire ce clapotis léger de la rivière qui survivra à nos jours, continuant de battre doucement la mesure du temps dans ce pays donnant parfois l'illusion du Paradis."

Achevé d'imprimer
en août 2004
sur les presses de
l'Imprimerie Moderne à Périgueux.